金沙遗址博物馆
JINSHA SITE MUSEUM

成都金沙遗址博物馆年鉴

Yearbook of Chengdu Jinsha Site Museum

2019

成都金沙遗址博物馆　编

巴蜀书社

图书在版编目（CIP）数据

成都金沙遗址博物馆年鉴·2019 / 成都金沙遗址博物馆编. -- 成都：巴蜀书社, 2021.4
ISBN 978-7-5531-1459-0

Ⅰ. ①成… Ⅱ. ①成… Ⅲ. ①遗址博物馆—成都—2019—年鉴 Ⅳ. ①G269.263-54

中国版本图书馆CIP数据核字（2021）第045223号

CHENGDU JINSHA YIZHI BOWUGUAN NIANJIAN · 2019

成都金沙遗址博物馆年鉴·2019　　成都金沙遗址博物馆　编

责任编辑	吴焕姣　李　蕾
封面设计	四川胜翔
内文设计	四川胜翔数码印务设计有限公司
出　　版	巴蜀书社
	成都市槐树街2号　邮编：610031
	总编室电话：（028）86259397
网　　址	www.bsbook.com
发　　行	巴蜀书社
	发行科电话：（028）86259422　86259423
经　　销	新华书店
印　　刷	成都市金雅迪彩色印刷有限公司
版　　次	2021年4月第1版
印　　次	2021年4月第1次印刷
成品尺寸	210mm × 285mm
印　　张	13
字　　数	200千
书　　号	ISBN　978-7-5531-1459-0
定　　价	188.00元

《成都金沙遗址博物馆年鉴·2019》
编辑委员会

目录 contents

工作概述

OVERVIEW OF WORK

2019年，成都金沙遗址博物馆在四川省文物局和成都市文化广电旅游局的正确领导下，积极配合国家关于文化大发展大繁荣的建设理念，充分利用“文旅融合”发展契机，推进文化事业与文化产业协调发展，坚持为人民服务，聚焦文物工作的重点难点，精准管理，盘活资源，在保护中发展，在发展中保护，坚持将社会效益和经济效益有机结合，有效兼顾了经济社会发展大局和人民日益增长的美好生活需要，实现了文物保护、馆际互动、文化发展、生态优化等多方面协调发展。

一、常抓党建工作不松懈

一是加强政治建设。坚定不移地维护以习近平同志为核心的党中央的权威和集中统一领导，严守党的政治纪律和政治规矩，坚持与中共四川省委、成都市委、成都市文化广电旅游局党组的

各项决策指示和部署要求保持一致。组织党员认真学习各项党规党纪条款，确保每名同志都能熟知党的纪律。本单位党员干部无违反政治纪律、政治规矩和中共四川省委、成都市委、成都市文化广电旅游局党组指示命令的情况。

二是加强思想建设。常态化学习习近平新时代中国特色社会主义思想、党的十九大精神和习近平总书记对四川及成都工作的系列重要指示精神，学习中共四川省委十一届三次全会、成都市委十三届三次全会等重要会议、重要文件、重大决策部署精神。坚持谈心谈话制度，进一步加强员工联系，增强同事感情，了解职工近况。充分利用“学习强国”App、“蓉城先锋·党员e家”学习教育平台等网络载体，参照中共成都市委组织部、中共成都市直属机关工作委员会各项学习要求，切实让学习讲话形成自觉，成为习惯。

三是加强组织建设。严格落实“三会一课”制度，努力提高“三会一课”质量，强化对党员的教育、管理和监督。全年共召开支委会10次，党员大会6次，党员领导干部讲授党课4次。顺利完成2019年度组织生活会。坚持民主生活会制度和“不忘初心、牢记使命”主题教育活动专题民主生活会。坚持主题党日制度，坚持党员领导干部双重组织生活制度，做好党费缴纳工作，做好2019年发展党员工作。

四是加强作风建设。持续深入正风肃纪，持之以恒落实“八项规定”、纠正“四风”。组织开展好党员干部、公职人员“赌博敛财”问题专项整治工作，抓好正反面宣传警示教育，深

金沙遗址博物馆全景

入开展讨论交流，组织党员参观学习，切实认清违法乱纪的高昂“成本”，确保警钟长鸣、自律在心。扎实推进2019年全面从严治党工作，制定和落实领导班子、班子成员主体责任清单。深入开展形式主义、官僚主义问题集中整治工作，建立问题台账，加强自查自纠。坚持服务群众的常态长效机制。

五是加强党风廉政建设。严格落实党风廉政建设主体责任制度，认真落实2019年源头治理预防腐败重点工作，开展廉政（洁）风险点排查、评估风险等级、优化防控措施等工作。领导班子成员认真履行“一岗双责”，层层签订党风廉政建设责任书，按要求梳理主体责任清单。将反腐倡廉宣传教育纳入支部宣传思想和干部教育培训工作总体部署，作为领导班子学习、民主生活会、“三会一课”的重要内容。

二、业务工作有序推进

● 全方位推进遗产保护工作

一是提高遗产保护管理能力。对遗迹馆和土遗址进行持续保养维护，联合成都文物考古研究院文物保护与修复中心对土遗址进行除尘、裂缝修补、除青苔和半裸露遗物的保养，实现日常保养工作常态化；对骨角质文物进行加固。做好文物保护修缮专项工作。完成藏品分库，完善藏品的纸质基础信息档案。

二是加强遗产预防性监测能力。始终坚持将遗址本体的保护作为其他相关工作的基础。积极编制《金沙遗址祭祀区核心保护区保护修缮前期勘察》文本，初步建立起“金沙遗址土遗址保护实验室与监测中心”，用以指导今后祭祀区核心保护区保护修缮工作的有效开展。

三是加强可移动文物保护能力。建立临时展厅恒温恒湿系统改造工程，为文物保存提供良好环境。改善文物库房照明环境，为藏品提供良好保存环境。完成太阳神鸟金饰展柜改造提升，提高展柜安全性、密封性，全面提升展示效果。对遗迹馆展示墙体进行优化提升，提高遗迹馆展示效果。

● 加强学术研究与合作

一是坚持承担各级科研课题（项目）。全年承担课题研究9项，包括国家级课题2项、省部级课题1项、横向课题4项、自主立项课题2项，研究领域涵盖藏品研究、区域考古研究、文物保护、实验考古、博物馆、文化遗产研究等多个方面。其中1项国家级课题已结项，其余课题正在稳步推进当中。

二是推动国际国内学术交流与合作。全年举办各类学术会议、讲座共11场，派员参加各类国际国内学术会议28次，涉及考古、展览、文物、文化交流、遗址公园管理和建设等多个热点问题。与44位国内外专家、75家单位展开学术合作，包括与英国伦敦大学学院应用考古学中心、加拿大皇家安大略博物馆、澳大利亚西澳大利亚博物馆、四川日报报业集团、汶川县人民政府等单位达成战略合作共识。持续推进与澳大利亚墨尔本博物馆开展员工交流学习项目。

三是重视科研能力提升。依托相关课题、展览等工作，积极深入地开展学术研究活动，全年共形成29项学术研究成果，内容涉及考古研究、陈列展览、藏品研究、文创开发、遗址保护与利用、文物保护与修复、博物馆建设与发展、社会教育实践、宣传推广等方面。累计发表各类学术论文23篇。编辑出版《金色记忆：中国出土14世纪前金器特展》《发现·中山国》《金沙宝藏——小金奇“玉”记》等展览图录及科普读物共6部。

● 展览策划推陈出新

一是坚持原创展览的策划与研究。2019年共引进符合成都金沙遗址博物馆定位并进行原创设计的展览11个，逐步构筑起具有金沙特色的“5+1”多元展示体系，包括“重要考古发现”“中国区域文明”“世界文明”“文物专题”“艺术金沙”和“古蜀文明”系列。策划和举办了“玛雅的世界：洛杉矶郡艺术博物馆藏古代玛雅艺术品特展”“太平有象——明清牙雕艺术展”“发现·中山国”特展、“纸的对话——丹麦@金沙”剪纸艺术展、“读城——首都与成都”教育体验展、“金玉琅琅——清代宫廷仪典与生活”特展、“2019成都金沙太阳节主题灯展”“牵手：古蜀与玛雅的对话”“玛雅文明重要遗址展”“金沙记忆”“探秘中山国”等展览。展览紧跟社会发展及群众需要，内容丰富、主题鲜明、形式多变、制作精良，受到观众普遍好评。其中，“发现·中山国”特展被国家文物局评为2019年度100个“弘扬优秀传统文化、培育社会主义核心价值观”主题展览推介项目，荣获“2019年度四川省博物馆十大陈列展览精品奖”；“玛雅的世界：洛杉矶郡艺术博物馆藏古代玛雅艺术品特展”荣获“2019年度四川省博物馆十大陈列展览精品·国际及港澳台合作奖”。

二是不断拓展文化展示的新空间、新形式。2019年输出展览14个，包括参与“盛筵——见证《史记》中的大西南”“神与人的世界——四川古代文明特展”“王的盛宴——见证《史记》中的大西南”“三星堆：人与神的世界——四川古蜀文明特展”“灵蛇传奇”“国宝盛宴——《史记》中的西南边疆”“良渚与古代中国——玉器显示的五千年文明”“璋显中国——中华牙璋文物特展”“神秘的古蜀王国——三星堆、金沙文化特展”“‘万物有灵·四川之夜’主题活动之古蜀文明数字展”“万物有灵——四川古蜀文明数字艺术展”“发现三星堆：三星堆与巴蜀考古——纪念三星堆遗址发现九十周年”“金沙文化进校园——金沙迷你博物馆”等专题展览的策划、实施和输出工作。其中“盛筵——见证《史记》中的大西南”特展获“第十六届（2018年度）全国博物馆十大陈列展览精品奖”，“三星堆：人与神的世界——四川古蜀文明特展”获“第十七届（2019年度）全国博物馆十大陈列展览精品·国际及港澳台合作奖”。

教育活动丰富多彩

努力提升观众服务和社会教育品质，提供智慧导览系统App、AR互动、票务智能化、免费中英文微信语音导览等“互联网+”智慧博物馆体验服务。开展社教课程及研学实践活动169场次，金沙文化进校园活动55场次，完成讲解接待任务总计1.6万余批次。编创《玛雅的秘密》《拥抱你·大象》《梦回中山国》《小金读成都》《金沙宝藏》等科普读物5部。志愿者达56名，服务时长超过6260小时。志愿服务公益品牌活动“点亮社区”被评为“牵手历史——第十届中国博物馆十佳志愿项目”和“成都市优秀文化志愿服务项目”。

智慧博物馆建设大放异彩

积极探索“互联网+”智慧体验服务，致力于文物数字化保护管理、观众数字化服务等建设，向游客全面提供智慧导览系统App、AI、票务智能化、免费中英文微信语音导览等“互联网+”智慧体验服务。博物馆智慧化建设荣获“2019人民之选——中国博物馆创新锐度TOP10”智慧博物馆践行奖，在国际数据遗产最佳实践案例竞赛中获“技术创新奖”。三维动画《细说青铜立人》在国际博物馆协会主办的视听国际多媒体遗产文化节上获“博物馆影视短片银奖”。

文创产业再上新台阶

一是扩大金沙文化品牌效应。成功举办“2019成都金沙太阳节”，以坚持弘扬和传播金沙文化为主题，以文物展览、主题灯展、文化演艺、花艺展示等为主要内容，期间共接待中外观众51.2万余人次，门票收入868.6万元，同比增长10.51%。

二是深入挖掘古蜀金沙文化内涵。通过创造性转化、创新性发展，实现文化产业较快增长，文创产品开发新品达1145款，同比增长28%；销售达13万件，同比增长116%；销售额920万元，同比增长86%。“双耳面具杯”获“2019年中国特色旅游商品大赛银奖”“2019‘成都礼物’旅游商品创意设计大赛金奖”，“古蜀鱼鸟纹装饰艺术反向伞”获“2019四川省旅游商品大赛银奖”。

宣传营销创新高

一是充分利用媒体优势进行宣传。在传统媒体及其所属新媒体终端上，完成报道3000余次，其中中央级媒体报道40篇，《人民日报》《光明日报》《中国文化报》均做专题报道；中央电视台拍摄并播出6集专题纪录片《金沙迷雾》和2集专题片《金色记忆》，总时长达220分钟；参与中央电视台“开讲啦”栏目组的2期节目录制工作。境内英文报道和境外媒体报道33次，包括新华社外语专线、AFP News报道及亚洲文旅卫视电视报道等。新媒体报道900余篇，官方微信共推送300余篇文章，累计阅读量超过500万次。策划“博物馆奇妙之旅”、策展人讲解“太平有象”等多场网络直播，观看人次超百万。与新浪微博运营团队、业内其他考古文博大号建立联系和互动，借力官方资源，全年40次上榜全国4A级景区微博传播指数周榜TOP10，其中15次位列前3名，被中国文物信息咨询中心和新浪微博评为“2019年度文博十大创新力官微”。

二是营销推广成效显著。2019年全年接待观众173万人次，其中，免费观众102万人次，未成年观众16.6万人次，团队观众40.3万人次。全年讲解接待1.6万余批次，多版本微信语音讲解57万次。全年收入逾4000万元。

三、不断提升博物馆综合管理能力

一是坚持制度建设。规范制度建设，加强日常管理，全年新增各项管理制度16项，进一步加强了博物馆在行政和资产方面的规范性管理，规范了博物馆的议事程序和工作流程。

二是安全保卫常抓不懈。与驻地辖区街道办事处签订“2019年度综治工作目标责任书”，与各部门、公司继续签订“2019年度安全责任书”，完善、修订了2019年度各项安全消防管理制度及预案，保证全馆综治安全工作任务明确、人员到位、责任落实。组织消防培训7次，消防实战演练5次，防汛演练1次，防恐处突演练2次。组织各类检查和隐患排查15次。全年未发生盗抢、火灾等安全事故。

三是加强基础设施建设。做好日常维修维护；做好园林绿化维护养护；完成3个重点工程项目的施工。

文物保护与藏品管理

CONSERVATION AND COLLECTION MANAGEMENT

综述

2019年，成都金沙遗址博物馆在“保护为主、抢救第一、合理利用、加强管理”方针的指导下，落实文物安全责任、采用智慧手段、充分发挥遗址博物馆优势，在遗址保护规划、遗址及文物保护、藏品管理和利用等方面取得一定成绩。

一、制度建设

成都金沙遗址博物馆严格执行文物库房巡查制度，每月月末、节假日放假前及突发暴雨地震等特殊时间，均联合保卫部巡查库房，检查库房消防设备、电源插座等是否存在安全隐患以及藏品保存状态等，排查安全隐患并填写《库房日志》，确保全年无安全事故。

节假日前封闭库房

对藏品入库和出库进行严格把关，严格按照文物保护相关法律法规及本馆制度履行藏品出入库手续和备案制度。2019年，共参加对外展览9项，所有对外展览均按照规定向上级主管部门备案，一级藏品向国家文物局备案。出入库手续规范，出库凭证由主管领导、分管领导、部门负责人、总账管理人员、分库保管员签字。借展单位点交人员凭单位证明参加点交工作，点交过程中双方点交人员仔细检查藏品状况，详细记录，并在点交单上签字确认。

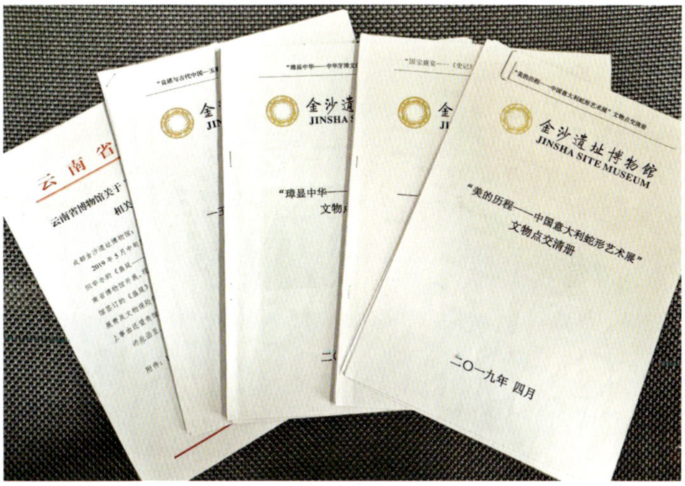

借展藏品点交资料

二、文物保护

2019年，成都金沙遗址博物馆积极开展各项文物保护工作，以加强对文物资源的保护，传承优秀文化遗产。

● 土遗址管理及保护

金沙遗址祭祀区核心保护区土遗址和馆藏可移动文物是古蜀先民丰富的宗教思想、精湛的工艺水平的见证物，也是成都金沙遗址博物馆的重要藏品。在“合理利用、加强管理”方针的指导下，按照《国家文物事业发展“十三五”规划》的总体要求，成都金沙遗址博物馆加大文物保护力度，采用科学技术与专业人员相结合的方式，建立了科学的文物保护管理长效机制，加强文物的日常保养，监测文物的保护状况，改善文物的保存环境，提高馆藏文物的风险防控能力，实现了对藏品科学化、规范化的管理与保护。

2019年，成都金沙遗址博物馆加强遗迹馆土遗址本体及半裸露文物的日常巡查和专项检查，做好巡查记录，积极开展专项保护工作，确保土遗址及裸露文物处于可控的安全范围之内。

加强土遗址的巡查工作。成都金沙遗址博物馆建立了祭祀区土遗址日常巡查和专项检查制度。日常巡查是对祭祀区土遗址存在的主要病害如地下水入浸、遗址本体裂隙、盐碱病害、半裸露文物如象牙等骨角质文物表面开裂风化、文物表面生物病害等进行定期检查，对已出现病害的部位进行检查、拍照、记录，做好巡查记录，及时进行保护处理，通过日常巡查及时发现遗迹的病害变化，以便及时采取保护措施。专项检查主要是在遇暴雨、地震等特殊极端情况后，对祭祀区土遗址状况进行检查，查看遗址本体周边有无漏水、渗水、开裂、垮塌等现象，在做好记录后，及时采取处理措施。

日常巡查

专项巡查

做好土遗址本体表面的日常清洁工作。在遗迹馆内安排专人进行日常清洁工作，主要是对遗址表面进行定期除尘，及时清理掉落物，保持遗址表面的整洁。

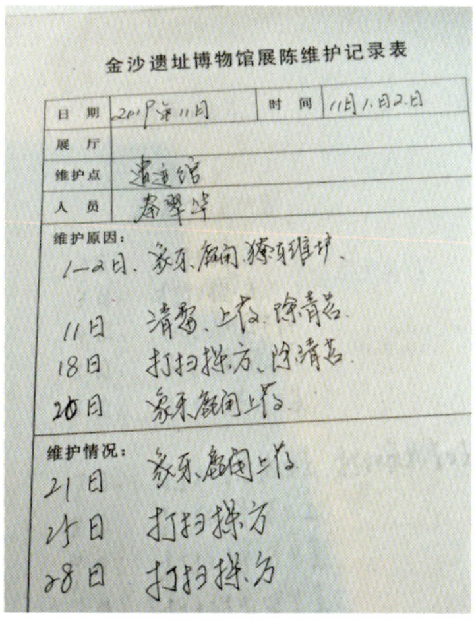

金沙遗址博物馆展陈维护记录表

日期	[illegible]	时间	[illegible]
展厅			
维护点	遗迹馆		
人员	[illegible]		

维护原因：

[illegible]

维护情况：

25日 打扫探方

28日 打扫探方

表面清洁与维护记录

清除青苔

开展土遗址专项保护项目。成都地区潮湿多雨，尤其在春季，土遗址表面容易滋生霉菌和藻类。当遗址出现苔藓时，文物保护工作人员采用经检验对遗址安全无损害的杀菌剂进行喷杀，清除遗址表面的生物病害，保持遗址整体健康。

推进《金沙遗址祭祀区核心保护区保护修缮前期勘察》项目，加强金沙遗址前期勘察和病害综合监测，明确象牙及骨角质文物原址保护、土遗址加固保护前期研究的具体方式及内容，为制定保护方案提供依据。按照《土遗址保护工程勘察规范》的规定，工作内容主要包括：病害综合监测、象牙及骨角质文物原址保护前期研究、土遗址加固保护前期研究、编写土遗址本体保护前期勘察报告、建设土遗址保护实验室及监测中心等。针对土遗址内半裸露文物出现表面开裂风化、病害的状况，4月至12月开展了骨角质文物专项养护工作。成都金沙遗址博物馆联合成都文物考古研究院文物保护与修复中心对机挖沟内的象牙、2号遗迹内骨角质文物进行了现场病害会诊、实验室检测、病害评估、现场试验、现场养护、后续巡查、记录与评估。

2号遗迹骨角质文物现场养护

机挖沟内象牙现场养护

养护期间的象牙

养护后的象牙

持续做好遗址赋存环境监测。成都金沙遗址博物馆于2012年开展了“金沙遗址馆藏文物保存环境监控技术成果集成示范”项目，在祭祀区土遗址本体内安装了部分监测终端，实现了遗址24小时不间断监测，定期收集土遗址湿度、含水率、电导率、振动、可溶盐含量等相关信息，及时分析研究，以更好指导遗址保护工作。为保证监测终端正常运行，文物保护与修复中心定期对监测终端进行检查。依靠专业人员的巡查和科学技术装备的应用，做到了遗址监测的系统化。

土遗址监测平台

检查监测终端

馆藏文物预防性保护

成都金沙遗址博物馆积极探索博物馆环境科学与藏品预防性保护，利用覆盖全馆的“文物预防性保护监测中心”对馆藏文物进行保存环境的监测，强化对其安全性的防控。主要通过放置于博物馆各展厅及库房的环境监测终端系统来对环境进行长期监测，定期收集并分析数据，为环境调控提供参考价值。

通过环境监测和数据分析，2019年陈列馆内展厅及库房全年环境温度集中于15-25℃之间，相对湿度集中于40%-70%之间。配合中央空调的调控基本可以将文物保存环境保持在较为适宜的状态。

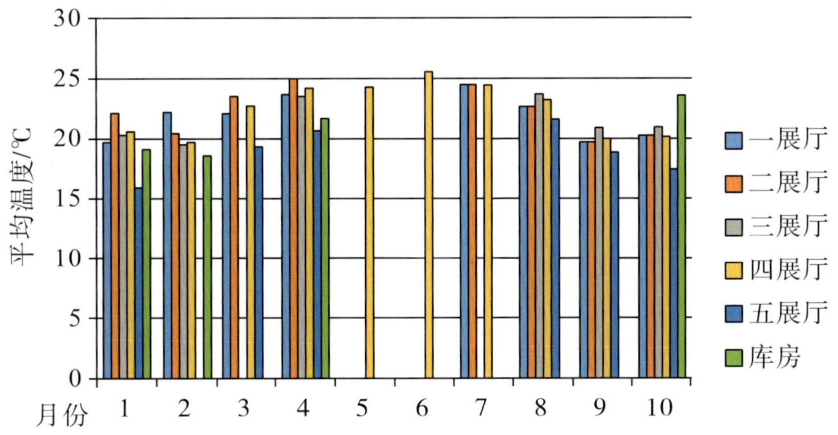

2019年陈列馆展厅及文物库房全年可参考月份环境平均温度变化

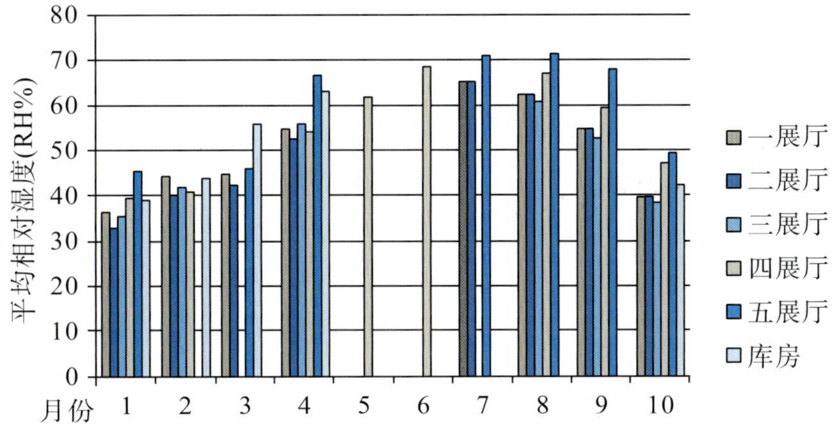

2019年陈列馆展厅及文物库房全年可参考月份环境平均相对湿度变化

此外，为保证监测数据的准确性和实效性，文物保护与修复中心每年轮流撤除监测终端进行维护和校准。5月，更换多通道网关通讯模块以保证数据传输稳定；6月，归位一批此前返厂维护校准终端设备；9月，发现室外超声波气象站部分探头损坏，拟进行返厂维修；12月，配合临时展览引进新型调湿机，搭建临时外网并更新系统平台。

撤除监测终端进行校准

放置校准后的监测终端

监测终端校准

分别为“玛雅的世界：洛杉矶郡艺术博物馆藏古代玛雅艺术品特展”“太平有象——明清牙雕艺术展”“发现·中山国”“金玉琅琅——清代宫廷仪典与生活”等展览提供环境调控的技术支持，主要采用主动调控和被动调控的方式对展柜内微环境进行调节，通过改造展柜密封性，在珍贵展品展柜安装调湿机，放置调湿剂等方式控制湿度，通过紫外光照监测设备并控制柜内紫外强度及照度。尤其是与故宫博物院联合举办的“金玉琅琅——

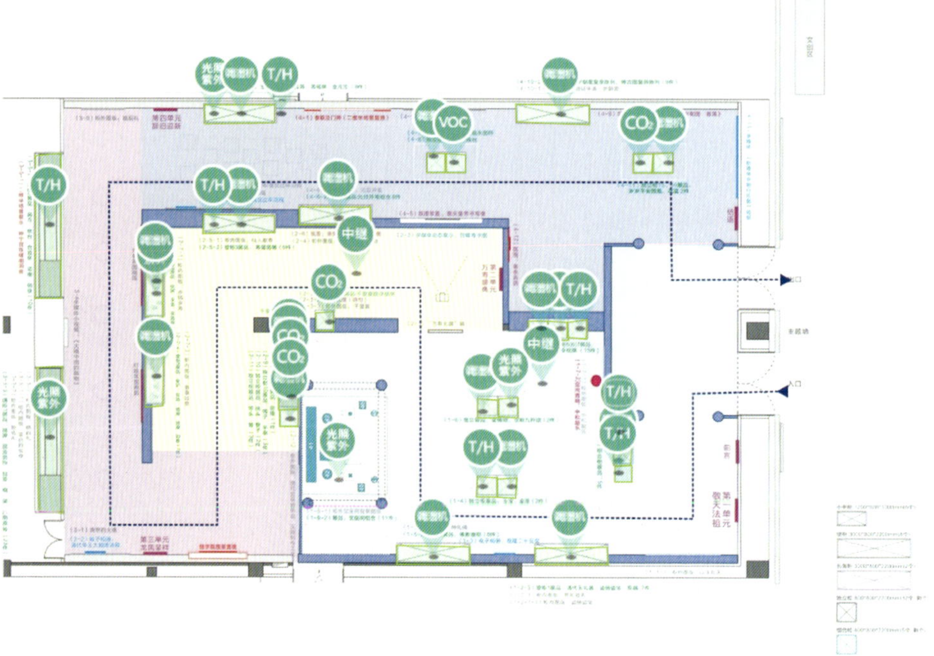

“金玉琅琅——清代宫廷仪典与生活”展览无线环境监测终端布局图

清代宫廷仪典与生活”展览中，所有文物展柜（壁柜、通柜、独立柜）都安装了不同型号、规格的无水净化调湿机，结合改造展厅恒温恒湿空调等方法，精确控制展厅内温度为20±2℃，相对湿度50±5%。同时结合不同文物对环境的特殊需求，布置无线环境监测终端来对其数据进行实时监测，以便随时进行湿度调控。

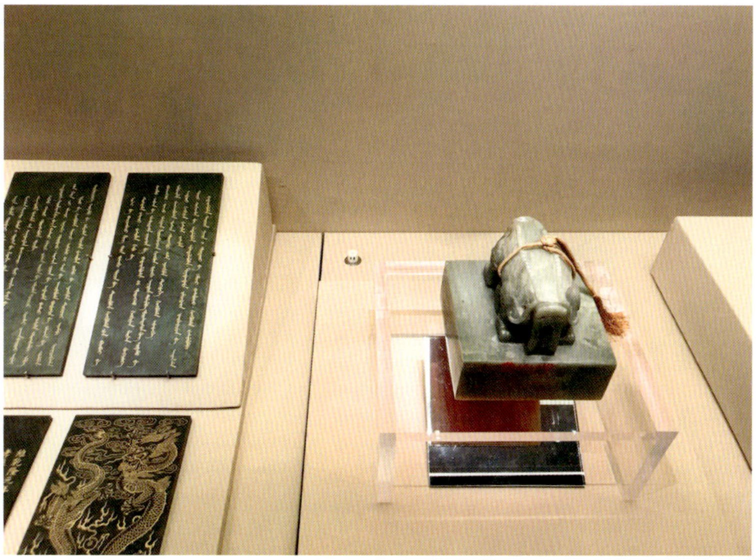

壁柜内调湿机

独立柜内调湿机

环境温湿度监测终端

环境紫外光照度监测终端

“金玉琅琅——清代宫廷仪典与生活”展览展柜温湿度监测数据

展柜类型	设备数量（个）	平均温度（℃）	平均湿度（RH%）	湿度达标率
壁柜	6	23.85	50.43	100%
通柜	2	22.52	52.11	
独立柜	11	22.52	49.91	
整体平均值		22.94	50.30	

改造后的库房照明系统

文物库房保存环境提升

开展了文物库房区域照明系统提升改造项目，对文物库房、钥匙房、档案室、多功能区的照明系统进行了提升改造。在灯具位置布置上，充分考虑到保管工作人员的实际操作需求，满足文物数据采集、文物盘查、文物状况检查的需要。将原有的普通照明设备更换为简洁、耐用的LED灯，并安装了智能调节系统。通过该项目的实施，文物库房区域的照明得到明显改善，区域内照度得到全面提升，照度控制在300-500LUX，照明显色指数Ra>80，严格控制灯具的红外线和紫外线含量。更换后的文物库房区域照明符合《博物馆照明设计规范GB/T23863-2009》的要求，实现了根据各区域的不同功能调节照度。

三、藏品管理

2019年，成都金沙遗址博物馆主要从藏品征集和藏品保管方面着手推进藏品管理的各项工作，并以藏品管理工作为支点，开展相关的展览、研究、学习和宣教工作。

● 藏品（资料）征集

2019年，接收成都文物考古研究院移交的金沙遗址考古发掘出土铜器、金器共计8件/套。

10月，成都金沙遗址博物馆策划了“纸的对话——丹麦@金沙”剪纸艺术展。这是一个由社会众筹的展览，展示了人们对于历史、现代及未来的思考。主要展品有丹麦剪纸艺术家凯伦·碧特·维乐的《7个龙蛋》，以及向公众征集的关于金沙遗址与古蜀生活、古蜀人与现代、古蜀人与未来等主题内容相关的作品。这些展品具有较高的艺术价值，意义重大。成都金沙遗址博物馆从中精选了21件展品收入库房，作为资料收藏。

2019年考古发掘移交藏品清单

编号	名称	数量（件/套）	质地	尺寸（厘米）
1	铜挂饰	1	铜	长4.6、宽3.9、厚0.3
2	鸟鱼纹金箔	1	金	长16.2、宽1.7
3	鸟形金箔	1	金	长19、宽4.3
4	菱形金箔	1	金	长6.1、宽2.9
5	金箔	1	金	长2.8、宽3.5
6	金带	1	金	长14.3、宽0.7
7	金带	1	金	长21.1、宽0.7
8	金带	1	金	长29.4、宽1.4

2019年接收社会捐赠资料清单

序号	名称	数量（件/套）	质地	来源
1	星耀古蜀	1	纸	白菲菲捐赠
2	星耀古蜀	1	纸	白菲菲捐赠
3	金沙器物	1	纸	周雪莲捐赠
4	铜立人畅想	1	纸	姚虓旸捐赠
5	发现金沙	1	纸	郑岭梅捐赠
6	光明	1	纸	林琼华捐赠
7	太阳鸟	1	纸	苏虹丹捐赠
8	金沙献瑞	1	纸	雷学军捐赠
9	魂牵金沙	1	纸	刘兴瑞捐赠
10	剪锦金沙	1	纸	周昕逸捐赠
11	古蜀先民创业梦	1	纸	黎凤群捐赠
12	中国梦	1	纸	黎凤群捐赠
13	古蜀金沙——信仰	1	纸	祁世达捐赠
14	对话	1	纸	刘玥廷捐赠
15	寻找金沙	1	纸	王熹巧捐赠
16	鹿	1	纸	程红斌捐赠
17	龙腾	1	纸	柳利英捐赠
18	锦绣金沙	1	纸	李春梅捐赠
19	金沙娃娃——鹿鹿	1	纸	刘潇捐赠
20	梦回金沙	1	纸	郑岭梅捐赠
21	天佑金沙	1	纸	郑岭梅捐赠

藏品保管

成都金沙遗址博物馆坚持警钟长鸣，完善相关藏品管理制度建设，重视人才培养，依法依规，从各方面加强文物安全工作。2019年，文物保护与修复中心根据成都金沙遗址博物馆年度工作计划，有序地推进藏品整理、分库、建账、建档、盘点、出入库、保养、信息化等藏品保管工作。

顺利完成馆藏366件/套一级藏品的基础档案整理工作，并报成都市文化广电旅游局备案。藏品档案按照《文物藏品档案规范》填写，记录了藏品的名称、基本信息、完残程度、完残状况、形态特征、搜集经过、流传经历、出土情况、鉴定情况、保存条件、保护修复、研究利用、研究著录等情况。整理档案共计近10000页。

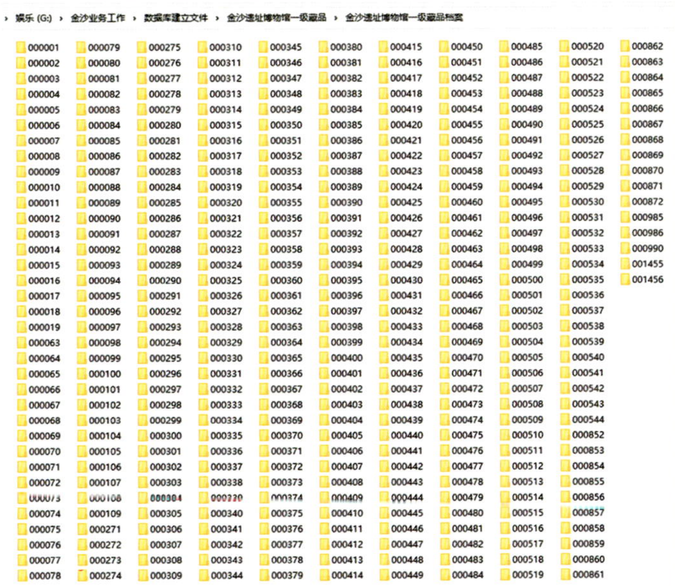

一级文物藏品电子档案

一级文物藏品正视图图片档案

配合成都市文化广电旅游局编制内部资料《成都市馆藏一级文物藏品名录》，提供一级文物藏品相关数据和照片资料。

完成301件入藏陶器的信息数据采集工作，实现2019年前所有馆藏品的信息数据采集完成率100%，形成2976件藏品的电子和纸质基础信息档案。“金沙遗址博物馆藏品综合信息管理系统”新增741件藏品的信息数据，实现2019年前征集的全部藏品100%登录，电子化的藏品总账、分类账、藏品档案、藏品编目卡完成率100%。

完成文物库房藏品盘点及日常养护工作。开展了杨汝岱、宋楚瑜、刘长乐、刘艺等10位入馆名人书法作品的整理、拍照、包装、编号和登记工作。定期对展柜内的文物进行除尘处理。

成都市馆藏一级文物藏品名录

收藏单位：成都金沙遗址博物馆（51010004）

序号	总登记号	名称	年代	类别	质地	实际数量	尺寸	完残程度	保存状态	定级年度
1	000001	商周太阳神鸟金饰	商周时期	金银器	金	1	外径12.53,内径5.29厚0.02cm	残缺	已修复	2008年
2	000002	商周大金面具	商周时期	金银器	金	1	长20.5、宽10.4、高10.7cm	残缺	已修复	2008年
3	000003	商周卷云纹金喇叭形器	商周时期	金银器	金	1	直径9.98cm、高3cm、厚0.8cm	残缺	已修复	2008年
4	000004	商周卷云纹金喇叭形器	商周时期	金银器	金	1	直径 3.3,高3.3,厚 0.09cm	残缺	已修复	2008年
5	000005	商周人面鱼鸟箭纹金王冠带	商周时期	金银器	金	1	外径 20.4,内径2.83,厚 0.03cm	残缺	已修复	2008年
6	000006	商周小金面具	商周时期	金银器	金	1	长 4.89,宽0.03,高3.6cm	残缺	已修复	2008年
7	000007	商周几字形金器	商周时期	金银器	金	1	长 17.67,宽16.74,厚 0.05	残缺	已修复	2008年
8	000008	商周金盒	商周时期	金银器	金	1	长 9.56,宽13.44,高 3.4cm	残缺	已修复	2008年
9	000009	商周三角形金器	商周时期	金银器	金	1	长 25.8,宽14.8,高 0.43,	残缺	已修复	2008年
10	000010	商周鱼形金箔	商周时期	金银器	金	1	长 4.75,宽1.12,厚 0.02cm	残缺	已修复	2008年
11	000011	商周鱼形金箔	商周时期	金银器	金	1	长 5.02,宽0.68,厚 0.01cm	残缺	已修复	2008年
12	000012	商周蛙形金箔	商周时期	金银器	金	1	长6.9,宽6,厚0.05 cm	残缺	已修复	2008年
13	000013	商周蛇纹圆角梯形金箔	商周时期	金银器	金	1	长 16.1,宽13.5,厚 0.02cm	残缺	已修复	2008年

一级文物藏品名录

管理员核对藏品信息

藏品数据采集

藏品整理检查

纸质品整理

清洁展具

● 藏品智慧化管理

继续推进“藏品综合信息管理系统”升级优化工作，扩充系统容量、用户，使藏品数字化管理越来越规范；藏品信息容纳量大大增加，载体类别越来越多；馆内外多用户享用极大地实现了文物资源及成果的社会共享共建。继续做好博物馆藏品综合信息系统管理与运营工作，包括馆藏品数据的维护、更新与登录工作。

学术研究

ACADEMIC RESEARCH

综述

成都金沙遗址博物馆学术研究工作按照《金沙遗址博物馆“十三五”发展规划》《金沙遗址文物保护规划》《金沙国家考古遗址公园规划》等要求稳步向前，在金沙遗址博物馆学术委员会的监督和指导下，围绕藏品、展览、观众及文化遗产等方面开展了一系列的学术研究工作。根据业务工作的需要，重新调整和报批了专家咨询库人员名单。

一、学术交流

成都金沙遗址博物馆积极利用自身优势，整理资源，通过以项目带动科研，以科研培养人才的方式，逐步扩大对外学术交流的平台，为科研人员创造更多机会，促进博物馆业务人员的全面发展。

参加学术会议

全年派出人员参会共计28批次。

1月16日至18日，宣传推广部秦晴、陈列保管部杨建华赴广州参加由广东省博物馆主办的“策展心得交流会”。本次会议邀请到浙江省博物馆副馆长、研究馆员蔡琴，江苏省美术馆原副馆长、研究馆员陈同乐，广州艺术博物院原副院长、研究馆员陈滢作为点评专家，参会的策展人在展览汇报中讲述和分享了展览的策展历程，特邀展览专家在现场进行了专业点评。

1月17日，副馆长王方赴郑州参加由中华炎黄文化研究会史前文化专业委员会、中国文物学会玉器专业委员会、河南博物院联合主办的“玉礼中国——五帝时代玉器及其文化传统学术研讨会”，来自北京、中国台湾等地的30多家博物馆、高校及相关科研院所的50多位专家学者参会。与会专家分别围绕“五帝时代（约距今5000多年至距今4000年）玉器考古新发现与研究”“夏商周及秦汉玉器与玉文化研究”“中国古代玉器制作工艺研究与玉料产地的探索”“玉礼与中华玉文化的传承研究”等学术前沿课题做了报告。

4月12日至14日，副馆长王方赴西安、汉中参加由陕西历史博物馆与陕西地矿集团有限公司联合举办的“古玉寻踪——汉中玉文化探源研讨会”。来自全国各地的40余名考古、地质、文化、宝玉石业界的专家学者围绕汉中玉的文化渊源、历史传承、内涵价值、展示推广等进行了深度研讨。

4月24日至26日，宣传推广部秦晴、胡程赴宜兴参加由中国博物馆协会市场推广与公共关系专业委员会主办，宜兴市博物馆承办的“中国博物馆协会市场推广与公共关系委员会2018年度工作会”。来自全国54家博物馆、企业及相关机构的75位代表参与了活动。与会代表围绕“第九届中国博物馆及相关产品与技术博览会如何提升”和“博物馆研学旅行规范”两个话题进行了分组探讨研究。

5月8日至13日，科技信息中心方思佳赴桂林参加由中国博物馆协会博物馆数字化专业委员会主办的“中国博物馆协会博物馆数字化专业委员会2019年年会暨‘文物数字化保护技术应用’学术研讨会”，来自全国27个省、市、自治区的80多家博物馆、高校、文博机构的200多名代表参加了会议。此次会议以“文物数字化保护技术应用”为主题，通过主旨发言、专家点评、总结分享等形式，为大家创造了充分对话、深入切磋、广泛参与、交流共享的学术研讨平台。

5月16日至21日，文创与营销部邱扬赴深圳参加由中共中央宣传部、中华人民共和国文化和旅游部、中华人民共和国商务部、国家广播电视总局、中国国际贸易促进委员会、广东省人民政府和深圳市人民政府主办的“2019年第十五届中国（深圳）国际文化产业博览交易会及相关论坛”，该展会以“博览与交易”为主题，通过举办论坛、重要活动、文博会艺术节及分会场活动等数百项活动，开展“一对一”“一对多”采购对接洽谈活动，积极推动中国文化产品走向世界。

5月17日，陈列保管部黄玉洁、任华利赴长沙参加由中国博物馆协会、中国文物报社、中国文物交流中心主办的“当代中国博物馆策展人论坛”。国家文物局副局长关强，国际博物馆协会副主席、中国博物馆协会副理事长兼秘书长安来顺等出席会议，来自全国50多家博物馆和策展机构的专家和策展人代表共计100余人参加会议。该论坛以“新时代中国博物馆策展理论与实践”为主题，重点关注近年来博物馆策展领域的理论建设新发展和博物馆展览策划的新探索。

5月29日，馆长朱章义、遗产保护与研究部杜卓然赴昆明参加由云南省博物馆、重庆中国三峡博物馆举办的“西南博物馆联盟第七次会议暨‘西南青铜器研究与保护’学术研讨会”。来自云南、重庆、贵州、广西、四川、西藏等6个省、市、自治区的50余家文博单位的近百名馆长、专家出席了会议。与会专家们围绕“西南地区青铜器研究与保护”，从西南地区的青铜器考古发掘、文物研究、历史研究、文物保护等多个方面展开广泛深入的探讨，在分享西南地区青铜器研究保护最新科研成果的同时，进一步夯实联盟基础，加强联盟桥梁和纽带作用，提升联盟在行业内的影响力，共谋西南博物馆联盟的未来。

5月30日，副馆长王方、遗产保护与研究部田湘萍在成都参加由四川省社会科学界联合会、四川大学主办的“继往开来：新中国史学发展的回顾与展望”学术研讨会。来自中国社会科学院、北京师范大学、南京大学、四川大学等单位的120余位专家学者出席了会议。王方副馆长作了《古蜀玉器研究现状及未来展望》专题发言，分别从“古蜀玉器的定义”“古蜀玉器研究现状”“未来展望”等方面，向与会嘉宾介绍了古蜀文明中重要的玉器及其研究状况。

7月13日至14日，副馆长王方赴上海参加由震旦博物馆、楠书房、《美成在久》杂志社合办的“古蜀探秘”学术沙龙。会上，王方副馆长分别作了《古蜀寻踪》《金玉同辉——古蜀王国秘宝》《玉见金沙——金沙玉器的发现与认知》三场专题学术讲座，向上海民众传播、弘扬古蜀文明，有效扩大了古蜀文化的影响力。

8月9日至11日，陈列保管部赵东赴武汉参加由中国照明学会室内照明专业委员会主办的

“2019中国博物馆照明技术交流研讨会”，来自全国博物馆界、灯光照明行业的近百位学者、专家参会。会议主题为“博物展示艺术之光”，针对博物馆的建筑特点，研讨其照明的特殊设计及技术应用，旨在为照明设计师、建设方、博物馆方、工程方和照明企业提供高端的交流平台。

8月26日至30日，科技信息中心王瑶赴上海参加由中国博物馆协会、上海市文化和旅游局指导，中国文物报社、上海市历史博物馆、中国博物馆协会博物馆数字化专业委员会联合主办的“2019数字化时代的博物馆学术研讨会暨‘2019博物馆数字技术展’”，来自全国80余家文博单位和30余家文博相关企业的200余位代表参加了活动。本次学术研讨会以“数字化时代的博物馆”为题，由主旨发言、“云计算与大数据”专场、“5G 时代的智慧博物馆”专场和“智慧应用”专场四个部分组成。各参会学者以理论探索结合工作实践，对信息技术在博物馆的应用与创新进行了深度思考。

9月16日至20日，文创与营销部邱扬赴北京参加由国家文物局、中国文物交流中心、中国博物馆协会、中国版权协会、中国工业设计协会主办的“2019年博物馆馆藏资源授权峰会”，来自全国博物馆、高等院校、行业协会、文化企业、设计机构等相关单位代表，国家文物局文物保护管理专题培训班、2019全国博物馆创意设计与创新思维培训班学员及媒体代表共约260人参加会议。本届峰会聚焦“新时代，新文创，赋能美好生活”的主题，旨在让博物馆馆藏文物“活”起来，赋予新创意，赋能美好生活，促进文博事业实现高质量发展。

9月19日至20日，陈列保管部杨建华、任华利在成都参加由中国博物馆协会博物馆学专业委员会主办的“中国博物馆协会博物馆学专业委员会2019年年会暨‘新时代博物馆专业能力建设’学术研讨会”，来自全国24个省、市、自治区的近百位代表汇聚一堂，共同探讨博物馆与旅游的多元关系以及文旅融合背景下的博物馆专业能力建设。

9月23日至25日，副馆长姚菲，宣传推广部秦晴、李知荑赴上海参加由国家对外文化贸易基地（上海）、上海市浦东新区知识产权局、上海自贸区国际文化投资发展有限公司、上海外高桥集团股份有限公司主办的“2019上海对话——国际博物馆论坛”，国际知名博物馆专家汇聚一堂，就现代博物馆的品牌塑造、建筑特色、藏品保护、经营模式、展览特色、IP开发、用户服务等业界关注、受众关心的博物馆热点话题，展开了热烈探讨和创新研判。

9月24日至27日，文物保护与修复中心段董念赴武汉参加由武汉市人民政府、湖北省文化和旅游厅、武汉大学共同主办的“2019盘龙城与长江文明国际学术研讨会”，并作了题为“盘龙城遗址与金沙遗址出土玉戈比较研究”的发言。会议邀请了60余位国内外知名专家学者，以“夏商时期聚落与环境”为主题，通过盘龙城及其他遗址的考古发现与研究，探讨夏商时期的社会文化面貌。

9月25日至27日，陈列保管部黄玉洁赴泸州参加由四川省博物馆学会、四川省博物馆学会藏品保管与登记著录专委会主办的“四川省博物馆学会藏品保管与登记著录专业委员会2019年年会暨‘藏品保管规范与展示’研讨会”，来自北京、山西、河南、湖南等省份的嘉宾以及全省各文博单位的70余位会员代表参加了会议。来自博物馆、高等院校、媒体、文化企业等单位的10位代表就会议主题“藏品保管规范与展示”作主题发言，内容涉及藏品管理制度、文物操作安全、藏品档案管理、临时展览的策划与实施、藏品管理的信息化与智慧化、博物馆宣传等多个层面和角度，并对博物馆藏品保管与登记著录工作进行了一些延伸性思考，对未来博物馆藏品管理工作的进一步开展具有一定的指导意义。

9月26日至28日，科技信息中心王瑶赴云南参加由玉溪市人民政府、中德人工智能研究院、中国博物馆协会博物馆数字化专业委员会主办的“第四届中德人工智能大会”。此次会议以“数字经济·驱动未来”为主题，来自国内外高等院校、人工智能研究机构的专家学者、企业和业界代表聚焦大会主题，共同探讨深化人工智能合作，共谋发展、共赢未来。

9月28日至29日，宣传推广部秦晴、李知萸，陈列保管部蔡经纬赴杭州参加由中国博物馆协会博物馆学专业委员会、中国博物馆协会陈列艺术专业委员会主办的“策展：实践与跨界”学术交流研讨会，研讨会邀请到湖南省博物馆书记李建毛、浙江自然博物院院长严洪明、苏州博物馆馆长陈瑞近、浙江省博物馆副馆长蔡琴、江苏省美术馆原副馆长陈同乐等国内的博物馆与美术馆馆长、11位青年策展人以及艺术界独立策展人开展一次跨界的交流，以期探讨广义上的博物馆作为现代公共文化机构体制化中的重要坐标点，对展览作为其实现社会价值与文化构建的重要载体，进行一次自我认知与实践的探讨与交流。

10月11日至12日，遗产保护与研究部熊英、科技信息中心唐傲在成都参加由北京世纪超星信息技术发展有限责任公司主办的“智慧管理与服务创新论坛”，来自全国公共图书馆、科研院校的数十位从事图书馆管理和服务研究的专家、学者参会。会议上，各位专家、学者对于在云计算、大数据等智能信息技术背景下，如何依靠科技创新实现管理模式更高效、可持续的发展，从而服务科研和生产建设进行了热烈的讨论。

10月17日至18日，公共服务与社会教育部郭威、杨璐赴西安参加由中国博物馆协会社会教育专业委员会、秦始皇帝陵博物院主办的“中国博物馆协会社会教育专业委员会2019年会暨‘使命——博物馆教育的责任与情怀’研讨会”，中国博物馆协会社教专业委员会（第四届）委员代表、全国百余家博物馆界代表、致力于博物馆公教事业的社会机构代表，以及博物馆教育研究的学者共计180余人参会。在历时一天半的年会暨研讨会中，与会代表就新时代博物馆教育工作的新要求、新趋势、新理念、新手段进行研讨发言、现场调研及交流互动。

10月18日至21日，宣传推广部秦晴、张帆赴洛阳参加由中国博物馆协会、中国文物报社和洛阳市文物局主办的“曲高亦和众——文化遗产大众化传播论坛”，来自传媒机构的代表以及故宫博物院、中国国家博物馆、首都博物馆、山西博物院等文博单位的代表共100余人参加了论坛活动。故宫博物院副院长闫宏斌、中央广播电视总台纪录频道总导演徐欢、文物出版社总编辑张广然等18位文博和传媒方面的专家学者在论坛中分享了各自的实践经验和感悟。

11月1日至4日，陈列保管部赵娜赴济南参加由山东大学历史文化学院主办的“山东大学第三届博物馆青年学者论坛”，来自北京大学、吉林大学、西北大学等33所高校，以及中国社会科学院考古研究所、中国科学院地球环境研究所、中国国家博物馆等21所科研机构的近90名学者参加了本次论坛，并从展览、教育、收藏、观众、文创等侧重应用的研究领域，深入剖析当代中国博物馆的现状，预测当代中国博物馆的未来以及建构当代中国博物馆的发展之道。

11月7日至8日，遗产保护与研究部田湘萍赴桂林参加由中国社会科学院考古研究所、广西壮族自治区文化和旅游厅、桂林市人民政府主办的第七届“中国公共考古・桂林论坛”，来自全国各相关单位的代表近200人参加了此次论坛。此次论坛主题为“遗产保护与城市发展”，研讨环节共包括1场主题发言及3场专题发言，31位学者围绕遗址保护与城市发展中国考古新发现及保护利用、城市考古与社会经济融合发展、考古遗址博物馆与公共考古等议题进行了探讨和思考。

11月7日至9日，科技信息中心吴彬赴自贡参加由四川省博物馆学会、中国自然科学博物馆学会专业科技博物馆专业委员会、自贡市盐业历史博物馆主办的“文旅融合背景下博物馆创新发展学术研讨会”，来自全国各个省、市、自治区的近百位博物馆代表汇聚一堂，来自不同岗位、不同背景的博物馆代表发表了主旨演讲，共同探讨博物馆与旅游的多元关系、文旅融合背景下的博物馆建设思路以及如何为广大人民群众提供更优质的文化服务。

11月18日至21日，陈列保管部杨建华、遗产保护与研究部袁梦赴遵义参加由中国博物馆协会考古与遗址博物馆专业委员会主办的“中国博物馆协会考古与遗址博物馆专业委员会2019年年会”。本次年会的主题是“遗址博物馆文旅融合，新时代遗址博物馆的发展”。来自中国博物馆协会考古与遗址博物馆专业委员会的各会员单位的专家学者50余人参加了会议。十几位学者围绕本次年会的主题进行了发言，以工作实践为基础，从馆区建设、陈列主题、文创产品的研发、观众互动活动的举行等方面出发，思考当前遗址博物馆的传统与未来，如何在新时代文旅融合的背景下做好遗址博物馆的各项工作，更好地迎接新的挑战。

11月18日至21日，陈列保管部黄玉洁、赵娜赴琼海参加由中国文物交流中心主办的“中国博物馆协会展览交流专业委员会2019年年会”，全国29个省、市、自治区的127名会员代表出席了会议。本届年会的主题为“互联互通、合作共赢——博物馆展览交流体系构建与完善”，与会代表分别从展览特色、交流创新理念以及文博馆线平台联合体建设等方面作了展览交流的专题演讲，并围绕制约文物交流高质量发展的机制问题和难点、热点问题进行了讨论。

11月20日至22日，文创与营销部邱扬赴上海参加由中国博物馆协会文创产品专业委员会主办的“中国博物馆协会文创产品专业委员会2019年年会暨‘馆藏资源授权’论坛”，来自全国111家文博单位的142名代表参加会议并展开深入交流，共同推进馆藏资源授权的实践与探索。

“策展心得交流会”

“玉礼中国——五帝时代玉器及其文化传统学术研讨会”

“古玉寻踪——汉中玉文化探源研讨会”

“中国博物馆协会市场推广与公共关系专业委员会2018年度工作会”

“中国博物馆协会博物馆数字化专业委员会2019年年会暨‘文物数字化保护技术应用’学术研讨会”

“2019年第十五届中国（深圳）国际文化产业博览交易会及相关论坛”

“当代中国博物馆策展人论坛”

“西南博物馆联盟第七次会议暨‘西南青铜器研究与保护’学术研讨会”

“‘继往开来：新中国史学发展的回顾与展望’学术研讨会”

“古蜀探秘”学术沙龙

“2019中国博物馆照明技术交流研讨会”

“2019数字化时代的博物馆学术研讨会暨‘2019博物馆数字技术展’”

“2019博物馆馆藏资源授权峰会”

“中国博物馆协会博物馆学专业委员会2019年年会暨‘新时代博物馆专业能力建设’学术研讨会”

“2019上海对话——国际博物馆论坛”

“2019盘龙城与长江文明国际学术研讨会”

“四川省博物馆学会藏品保管与登记著录专业委员会2019年年会暨‘藏品保管规范与展示’研讨会”

“第四届中德人工智能大会”

“策展：实践与跨界”学术交流研讨会

“智慧管理与服务创新论坛”

“中国博物馆协会社会教育专业委员会2019年会暨“使命——博物馆教育的责任与情怀”研讨会”

“曲高亦和众——文化遗产大众化传播论坛”

“山东大学第三届博物馆青年学者论坛”

“中国公共考古 · 桂林论坛”

“文旅融合背景下博物馆创新发展学术研讨会”

“中国博物馆协会考古与遗址博物馆专业委员会2019年年会”

“中国博物馆协会展览交流专业委员会2019年年会”

“中国博物馆协会文创产品专业委员会2019年年会暨“馆藏资源授权”论坛”

2019年度职工参加学术会议统计表

序号	时间	地点	参会人员	会议名称	主办单位
1	2019年1月16日至18日	广东广州	秦晴、杨建华	策展心得交流会	广东省博物馆
2	2019年1月17日	河南郑州	王方	玉礼中国——五帝时代玉器及其文化传统学术研讨会	中华炎黄文化研究会史前文化专业委员会、中国文物学会玉器专业委员会、河南博物院
3	2019年4月12日至14日	陕西西安、汉中	王方	古玉寻踪——汉中玉文化探源研讨会	陕西历史博物馆、陕西地矿集团有限公司
4	2019年4月24日至26日	江苏宜兴	秦晴、胡程	中国博物馆协会市场推广与公共关系专业委员会2018年度工作会	中国博物馆协会市场推广与公共关系专业委员会
5	2019年5月8日至13日	广西桂林	方思佳	中国博物馆协会博物馆数字化专业委员会2019年年会暨“文物数字化保护技术应用”学术研讨会	中国博物馆协会博物馆数字化专业委员会
6	2019年5月16日至21日	广东深圳	邱扬	2019年第十五届中国（深圳）国际文化产业博览交易会及相关论坛	中共中央宣传部、中华人民共和国文化和旅游部、中华人民共和国商务部、国家广播电视总局、中国国际贸易促进委员会、广东省人民政府和深圳市人民政府
7	2019年5月17日	湖南长沙	黄玉洁、任华利	当代中国博物馆策展人论坛	中国博物馆协会、中国文物报社、中国文物交流中心
8	2019年5月29日	云南昆明	朱章义、杜卓然	西南博物馆联盟第七次会议暨“西南青铜器研究与保护”学术研讨会	云南省博物馆、重庆中国三峡博物馆

续表

序号	时间	地点	参会人员	会议名称	主办单位
9	2019年5月30日	四川成都	王方、田湘萍	“继往开来：新中国史学发展的回顾与展望”学术研讨会	四川省社会科学界联合会、四川大学
10	2019年7月13日至14日	上海	王方	“古蜀探秘”学术沙龙	上震旦博物馆、楠书房、《美成在久》杂志社
11	2019年8月9日至11日	湖北武汉	赵东	2019中国博物馆照明技术交流研讨会	中国照明学会室内照明专业委员会
12	2019年8月26日至30日	上海	王瑶	2019数字化时代的博物馆学术研讨会暨“2019博物馆数字技术展”	中国文物报社、上海市历史博物馆、中国博物馆协会博物馆数字化专业委员会
13	2019年9月16日至20日	北京	邱扬	2019年博物馆馆藏资源授权峰会	国家文物局、中国文物交流中心、中国博物馆协会、中国版权协会、中国工业设计协会
14	2019年9月19日至20日	四川成都	杨建华、任华利	中国博物馆协会博物馆学专业委员会2019年年会暨“新时代博物馆专业能力建设”学术研讨会	中国博物馆协会博物馆学专业委员会
15	2019年9月23日至25日	上海	姚菲、秦晴、李知萸	2019上海对话——国际博物馆论坛	国家对外文化贸易基地（上海）、上海市浦东新区知识产权局、上海自贸区国际文化投资发展有限公司、上海外高桥集团股份有限公司
16	2019年9月24日至27日	湖北武汉	段董念	2019盘龙城与长江文明国际学术研讨会	武汉市人民政府、湖北省文化和旅游厅、武汉大学
17	2019年9月25日至27日	四川泸州	黄玉洁	四川省博物馆学会藏品保管与登记著录专业委员会2019年年会暨“藏品保管规范与展示”研讨会	四川省博物馆学会、四川省博物馆学会藏品保管与登记著录专委会
18	2019年9月26日至28日	云南	王瑶	第四届中德人工智能大会	玉溪市人民政府、中德人工智能研究院、中国博物馆协会博物馆数字化专业委员会
19	2019年9月28日至29日	浙江杭州	秦晴、李知萸、蔡经纬	“策展：实践与跨界”学术交流研讨会	中国博物馆协会博物馆学专业委员会、中国博物馆协会陈列艺术专业委员会
20	2019年10月11日至12日	四川成都	熊英、唐傲	智慧管理与服务创新论坛	北京世纪超星信息技术发展有限责任公司
21	2019年10月17日至18日	陕西西安	郭威、杨璐	中国博物馆协会社会教育专业委员会2019年会暨“使命——博物馆教育的责任与情怀”研讨会	中国博物馆协会社会教育专业委员会、秦始皇帝陵博物院
22	2019年10月18日至21日	河南洛阳	秦晴、张帆	曲高亦和众——文化遗产大众化传播论坛	中国博物馆协会、中国文物报社、洛阳市文物局
23	2019年11月1日至4日	山东济南	赵娜	山东大学第三届博物馆青年学者论坛	山东大学历史文化学院
24	2019年11月7日至8日	广西桂林	田湘萍	中国公共考古·桂林论坛	中国社会科学院考古研究所、广西壮族自治区文化和旅游厅、桂林市人民政府

续表

序号	时间	地点	参会人员	会议名称	主办单位
25	2019年11月7日至9日	四川自贡	吴彬	文旅融合背景下博物馆创新发展学术研讨会	四川省博物馆学会、中国自然科学博物馆学会专业科技博物馆专业委员会会、自贡市盐业历史博物馆
26	2019年11月18日至21日	贵州遵义	杨建华、袁梦	中国博物馆协会考古与遗址博物馆专业委员会2019年年会	中国博物馆协会考古与遗址博物馆专业委员会
27	2019年11月18日至21日	海南琼海	黄玉洁、赵娜	中国博物馆协会展览交流专业委员会2019年年会	中国文物交流中心
28	2019年11月20日至22日	上海	邱扬	中国博物馆协会文创产品专业委员会2019年年会暨“馆藏资源授权”论坛	中国博物馆协会文创产品专业委员会

举办学术会议

5月17日，举办“金沙学术沙龙”文化交流活动。会议邀请到中国社会科学院考古研究所研究员王仁湘与南方科技大学社会科学中心教授唐际根分别做了题为“二里头绿松石龙虎辨”“盘龙城嵌绿松石兽面的复原研究”的专题学术交流。王仁湘老师以二里头出土的嵌绿松石龙形器为对象，分享了他研究和辨别这件器物形态的过程，提出了龙虎的辨别标准。唐际根老师则围绕盘龙城出土绿松石兽面本体的发掘、研究及原貌重建，着重就绿松石兽面的原貌重建过程进行了介绍。

“二里头绿松石龙虎辨”学术沙龙

“盘龙城嵌绿松石兽面的复原研究”学术沙龙

8月20日至22日，由四川省文物考古研究院、成都文物考古研究院、四川大学历史文化学院、广汉三星堆博物馆、成都金沙遗址博物馆、阿坝州文化体育和旅游局、茂县人民政府、阿坝州文物管理所联合主办的“茂县营盘山遗址与古蜀之源学术研讨会”在广汉三星堆博物馆举行，来自中国社会科学院、北京大学及省内外80余名专家、学者参加了研讨会。在研讨会上，专家学者们围绕古蜀文明源起何处、古蜀先民从何而来、文化交流互融等课题展开了充分地交流讨论。会议突出了岷江上游对考证中国古代南北方文化时空关系和族群交往迁徙的重要性，进一步证实了古蜀文明源头是岷江上游地区，将营盘山与三星堆串联起来，有助于梳理出古蜀文明的发展脉络。

“茂县营盘山遗址与古蜀之源学术研讨会”代表合影

11月4日至5日，由四川省文物考古研究院、德阳市文化广播电视和旅游局、什邡市人民政府、成都文物考古研究院、四川大学历史文化学院、德阳市文物考古研究所、成都金沙遗址博物馆、广汉三星堆博物馆、什邡市文体广旅局、什邡市博物馆联合主办的“古蜀文明保护传承暨纪念桂圆桥遗址发现十周年”学术研讨会在什邡举办，国内文博单位数十位专家学者参加了研讨会。与会专家学者代表分别围绕桂圆桥遗址发现的价值和意义、什邡在古蜀文明中的重要地位、古蜀文明研究、保护传承及文旅融合等作了主题发言，探讨了古蜀文明的来源与先蜀族人从山地走向平原的路径。

"古蜀文明保护传承暨纪念桂圆桥遗址发现十周年"学术研讨会

2019年举办学术会议统计表

序号	时间	地点	会议名称	主办单位
1	2019年5月17日	四川成都	金沙学术沙龙	成都金沙遗址博物馆
2	2019年8月20日至22日	四川广汉	茂县营盘山遗址与古蜀之源学术研讨会	四川省文物考古研究院、成都文物考古研究院、四川大学历史文化学院、广汉三星堆博物馆、成都金沙遗址博物馆、阿坝州文化体育和旅游局、茂县人民政府、阿坝州文物管理所
3	2019年11月4日至5日	四川什邡	古蜀文明保护传承暨纪念桂圆桥遗址发现十周年学术研讨会	四川省文物考古研究院、德阳市文化广播电视和旅游局、什邡市人民政府、成都文物考古研究院、四川大学历史文化学院、德阳市文物考古研究所、成都金沙遗址博物馆、广汉三星堆博物馆、什邡市文体广旅局、什邡市博物馆

学术讲座

5月11日，举办"风从广州来：17至19世纪的中西象牙扇"讲座，此次讲座是"太平有象——明清牙雕艺术展"配套学术讲座之一，由广东民间工艺博物馆馆长、研究员黄海妍主讲。黄海妍研究员讲述了广州作为17至19世纪之际连接中西贸易的中心，以其精美的外销象牙扇促进东西方文化交汇的历程，并向大家分享了象牙扇的"中国伊万里""宗教题材""满大人"图案、十三行及港口、珠江风貌、私人订制和中西文化元素的交织等多种纹饰特征，介绍了欧洲象牙扇中的中国元素。

6月8日，举办"当中国人遇见象牙"讲座，此次讲座是"太平有象——明清牙雕艺术展"

“风从广州来：17至19世纪的中西象牙扇”讲座

“当中国人遇见象牙”讲座

“探秘两中山”讲座

系列学术讲座之一，由兰州交通大学马克思主义学院副教授、博士张洁主讲。此次讲座主要分为“象牙的概念”“历史上大象的分布变迁”“象牙利用与‘瑳象雕牙’”和“象牙官用——象笏”等四个部分，张博士向现场观众介绍了中国人使用象牙制品的历史。

8月10日，举办“探秘两中山”讲座，此次讲座是“发现·中山国”系列学术讲座之一，邀请到河北博物院院长罗向军主讲。讲座从石家庄作为省会的历史讲起，引出了人们对“中山”的普遍印象，随后罗院长结合战国中山国的出土文物，向大家介绍了战国中山国的政治、经济、文化、军事等相关情况，最后介绍了满城汉墓出土的考古发现，主要包括墓葬情况、墓主身份及玉器、灯具、炉具等重要出土文物。

8月23日，举办“射猴射鸟为哪般——由中山国连枝铜灯说起”讲座，此次讲座是“发现·中山国”系列学术讲座之一，邀请到中国社会科学院考古研究所研究员王仁湘主讲。讲座从“发现·中山国”展出的中山国十五连盏铜灯说起，认为猴与鸟是古人提炼的两个象征符号，是人们内心的一分希冀，而射猴与射鸟，是人们对新生命的一种向往，一种追求。

9月6日，举办“意大利文化遗产的保护和利用”讲座，此次讲座由意大利罗马第三大学人文学院教授马里奥·米凯利（Mario Micheli）主讲，来自成都文物考古研究院、四川大学历史文化学院等单位共计150余人参加了讲座。马里奥·米凯利教授主要向大家介绍了意大利半岛上文物保护的历史，以及意大利城市内部的文物保护，最后还跟大家分享了关于整体区域考古和文物保护的想法。

9月21日，举办“石之美者——战国中山国玉器鉴赏”讲座，此次讲座是“发现·中山国”系列学术讲座之一，邀请到河北博物院研究员常素霞主讲。讲座从佩饰玉、嵌饰玉、实用玉乃至敛尸玉等方面入手，向观众介绍了战国时期河北中山国墓葬出土的精美玉器，同时概述战国时期玉器的工艺特点、时代风格和历史文化内涵，并向观众普及了玉器造型、纹样、工艺的鉴定和赏析要点，引领观众欣赏战国时期玉器的高超工艺和艺术魅力。

10月13日，举办“小国大器——战国中山的青铜瑰宝”讲座，此次讲座是“发现·中山国”系列学术讲座之一，邀请到中国科学院自然科学史研究所研究员苏荣誉主讲。苏荣

“射猴射鸟为哪般——由中山国连枝铜灯说起”讲座

“意大利文化遗产的保护和利用”讲座

“石之美者——战国中山国玉器鉴赏”讲座

誉先生从一组孤品器物，包括兆域图、龙凤方案座、中山三器和屏风构件出发，向观众解析了古代工匠如何以精湛的技艺创造不朽的杰作，塑造出中国独特的技术和艺术面貌。

12月26日，举办“乾隆宫廷玉器鉴赏”讲座，此次讲座由故宫博物院研究馆员、中国文物学会玉器专业委员会会长、故宫博物院玉文化研究所副所长徐琳主讲。徐琳会长向大家详细解析了清代玉器的三个发展阶段，从材质、成分、制作工艺等方面向与会嘉宾介绍了乾隆时期的玉器，分享乾隆时期玉器的创新和特色。

“小国大器——战国中山的青铜瑰宝”讲座

“乾隆宫廷玉器鉴赏”讲座

2019年举办学术讲座统计表

序号	时间	讲座题目	主讲嘉宾
1	2019年5月11日	风从广州来：17至19世纪的中西象牙扇	黄海妍
2	2019年6月8日	当中国人遇见象牙	张洁
3	2019年8月10日	探秘两中山	罗向军
4	2019年8月23日	射猴射鸟为哪般——由中山国连枝铜灯说起	王仁湘
5	2019年9月6日	意大利文化遗产的保护和利用	马里奥·米凯利（Mario Micheli）
6	2019年9月21日	石之美者——战国中山国玉器鉴赏	常素霞
7	2019年10月13日	小国大器——战国中山的青铜瑰宝	苏荣誉
8	2019年12月26日	乾隆宫廷玉器鉴赏	徐琳

二、科研课题

2019年，成都金沙遗址博物馆承担课题研究共计9项，包括《金沙遗址祭祀区考古发掘研究报告》《博物馆展陈中考古文物信息的解读与重构研究》《一带一路视域下四川出土成组玉石璧仿制实证研究》《中国西南地区冶金考古研究》《金沙遗址出土玉器的玉料调查》《金沙遗址出土象牙保存方式研究》《博物馆观众行为研究》《金沙遗址出土玉石器研究》等科研课题，涵盖了文物藏品、陈列展览、博物馆教育等多个领域。其中，国家社科基金重点项目2项，省级课题1项，横向课题4项，自主课题2项。课题实施期间，成都金沙遗址博物馆切实履行课题职责，合理利用研究经费，认真开展相关研究工作，各项课题均取得一定研究成果。

- 《金沙遗址祭祀区考古发掘研究报告》

课题简介：该课题于2012年由全国哲学社会科学规划办公室批准立项。该课题为成都金沙遗址博物馆与成都文物考古研究院就金沙遗址祭祀区出土遗物研究、文物保护、古环境分析、金属器研究等问题进行深入交流与合作。该课题实施过程中，形成若干学术研究成果。

编号/批准号：12-ZD192

起止日期：2012年至2019年

研究进展：该课题已顺利结题，研究形成《金沙遗址考古发掘资料集（一）》《金沙遗址考古发掘资料集（二）》《金沙遗址考古资料集（三）》《金沙遗址祭祀区出土文物精粹》《金沙遗址阳光地带二期地点发掘报告》等学术专著，若干研究论文正式发表。预计于2021年形成《金沙遗址祭祀区考古发掘研究报告》学术研究成果并正式出版。

- 《博物馆展陈中考古文物信息的解读与重构研究》

课题简介：课题主要通过文献研究、数字资源收集、实地调研、专家访谈等方法，运用考古学、历史学、人类学、艺术史学等跨学科研究手段，对博物馆展陈中具有代表性的考古文物的研究现状和社会价值进行系统分析，对典型案例的目标观众人群进行分析，对展览环境中的体验效果进行系统评估，提出相关建议。

编号/批准号：18CKG022

起止日期：2018年至2021年

研究进展：已完成文献资料、数字博物馆平台资料收集，确定调研对象，并在全国范围内完成10多个博物馆的实地调研与专家访谈。目前正在组织研究人员对文物社会价值进行评估，并针对公众传播需求对其进行信息解读。

●《一带一路视域下四川出土成组玉石璧仿制实证研究》

课题简介：本项目在“一带一路”倡议实施中提出，通过对重大历史文化事项的复原研究，与国家重大科研项目“中华文明探源工程”接轨，将自然科学研究与社会科学研究进行有机结合，从声学、律学、计量学、考古学、历史学、艺术学等学科进行综合研究；运用复制实验和多媒体演示，进一步论证“成组玉石璧”作为我国玉器的一种重要类型，创制并用于我国早期“同律度量衡”改革的历史假设。

编号/批准号：2018ZP0242

起止日期：2018年至2020年

研究进展：已成功仿制两件出土大石磬，用于“成都金沙太阳节”演出并出访多国展览，各地电视台、新闻多次报道。曾对成组玉石璧作了调音工艺试验，掌握了加工工艺和调音工艺基本原理和方法。接下来将着重推进理论研究，形成课题研究成果。

●《中国西南地区冶金考古研究》

课题简介：该课题于2016年立项，由成都金沙遗址博物馆与日本爱媛大学东亚古代铁文化研究中心、成都文物考古研究院、成都博物馆、四川大学历史文化学院联合开展。课题组立足于以往合作研究成果，将过去考古发掘出土的相关器物及各类标本进行分析研究，充分运用课题组相关单位的科研实验室，对采集标本进行技术分析和成分测定。

编号/批准号：2016-8

起止日期：2016年至2021年

研究进展：该项目自启动以来，初步建立了考古信息交流体系，形成中日学术研究成果的资料库，在冶金考古领域取得初步成果，也进一步拓展了中日在中国西南地区冶金考古研究方面的合作领域。

●《金沙遗址出土玉器的玉料调查》

课题简介：该课题于2018年立项，由成都金沙遗址博物馆与中山大学地球科学与工程学院合作进行。课题组通过玉料产地调查、玉石料材质检测及研究分析等方式，推进金沙遗址玉器产地来源的科学研究。

编号/批准号：2018-2

起止日期：2018年至2021年

研究进展：目前已完成对汶川龙溪玉的玉料采集工作，接下来将对采集到的玉料及金沙遗址出土玉料进行成分检测，预计于2021年形成若干学术论文正式发表。

- 《金沙遗址出土象牙保存方式研究》

课题简介：该课题于2018年立项，由成都金沙遗址博物馆与南方科技大学合作进行。课题组拟通过象牙残片捡拾、封膜材料割取、土壤捡拾等系列取样工作，研究与保护珍贵的出土象牙。

编号/批准号：2018-3

起止日期：2018年至2021年

研究进展：目前已完成对金沙遗址出土象牙进行局部取料、分析、检测与试验，预计于2021年形成若干学术论文正式发表。

- 《博物馆观众行为研究》

课题简介：借助针对博物馆普遍业务需求的长期问卷调查和重大展览（活动）的临时调查来了解金沙遗址博物馆的观众特征，观众对于博物馆硬件设施、教育展览、公众服务等方面的满意度，博物馆需要优先改善等方面的情况。最终目的是为博物馆展览改造、教育改进、信息化建设、公共服务改善等业务工作提升提供辅助决策参考。

编号/批准号：20191999230

起止日期：2019年至2020年

研究进展：目前已完成项目预调研阶段与专业培训工作，预计于2020年形成项目报告，并形成《观众评估调查报告》《观众评估观众信息图表》等若干研究成果。

- 《金沙遗址出土玉石器研究》

课题简介：该课题于2014年立项，由金沙遗址博物馆与香港中文大学中国考古艺术研究中心合作进行，主要从金沙遗址发掘出土玉石器出发，选取玉璋、玉管珠、玉璧、玉琮、石璧、石磬、石虎、石蛇等金沙遗址博物馆馆藏精品，探索金沙玉石器工艺的来源和特色。

编号/批准号：2014-5

起止日期：2014年至2024年

研究进展：目前已完成第一阶段课题研究任务，形成学术专著《金沙玉工I——金沙遗址出土玉石璋研究》，并于2017年9月公开出版，该书入选“2017年全国文化遗产十佳图书推介入围终评书目”。第二阶段任务正稳步推进，计划于2021年12月前形成《金沙玉工II——金沙遗址出土玉石琮研究》学术专著并出版。

● 《古蜀金器工艺研究课题》

课题简介：通过对三星堆、金沙遗址出土金器进行微纳性能测试、元素组成和显微结构分析，研究三星堆、金沙遗址出土金器材料、制作工艺及加工痕迹。同时，将材料学先进科技分析技术运用到金器研究中，揭示三星堆、金沙遗址出土金器的成分特征、工艺类型、制作与使用痕迹，来解读古蜀人制作金器的工艺和使用情况，并通过对比同时期其他文化中出土的金器，更好地认识古蜀金器的技术特征与水平。

编号/批准号：2019-1

起止日期：2019年至2022年

研究进展：正在进行前期资料收集分析，预计2022年前形成课题研究成果并出版。

2019年度学术研究课题一览表

序号	项目/课题名称	类别	批准号/合同号	起止时间	项目进展
1	金沙遗址祭祀区考古发掘研究报告	国家级	12-ZD192	2012年至2019年	已结项
2	博物馆展陈中考古文物信息的解读与重构研究	国家级	18CKG022	2018年至2021年	执行中
3	一带一路视域下四川出土成组玉石璧仿制实证研究	省部级	2018ZP0242	2018年至2020年	执行中
4	中国西南地区冶金考古研究	横向	2016-8	2016年至2021年	执行中
5	金沙遗址出土玉器的玉料调查	横向	2018-2	2018年至2021年	执行中
6	金沙遗址出土象牙保存方式研究	横向	2018-3	2018年至2021年	执行中
7	博物馆观众行为研究	横向	20191999230	2019年至2020年	执行中
8	金沙遗址出土玉石器研究	自主	2014-5	2014年至2024年	执行中
9	古蜀金器工艺研究课题	自主	2019-1	2019年至2022年	执行中

三、学术成果

● 学术出版

2019年，成都金沙遗址博物馆共计出版《金色记忆：中国出土14世纪前金器特展》《发现·中山国》《金沙宝藏——小金奇“玉”记》《金沙宝藏——金器知多少》《金沙宝藏——小金去考古》《金沙宝藏——小金寻宝记》等共计6部图书。其中，2部为临时展览的配套图录，4部为科普性读物。

2019年度成都金沙遗址博物馆图书出版统计表

序号	书名	作者	出版时间	出版社
1	金色记忆：中国出土14世纪前金器特展	成都金沙遗址博物馆、成都文物考古研究院	2019年3月	四川人民出版社
2	发现·中山国	成都金沙遗址博物馆、河北博物院、河北省文物研究所	2019年8月	巴蜀书社
3	金沙宝藏——小金奇“玉”记	成都金沙遗址博物馆	2019年12月	四川少年儿童出版社
4	金沙宝藏——金器知多少	成都金沙遗址博物馆	2019年12月	四川少年儿童出版社
5	金沙宝藏——小金去考古	成都金沙遗址博物馆	2019年12月	四川少年儿童出版社
6	金沙宝藏——小金寻宝记	成都金沙遗址博物馆	2019年12月	四川少年儿童出版社

学术论文

2019年，成都金沙遗址博物馆公开发表论文共计23篇。全年内，依托相关课题、藏品管理、陈列展览、社会教育、文创、宣传等工作，积极深入地开展学术研究活动，在《考古学报》《中国文物报》《中国博物馆》《华夏文明》《文化月刊》《收藏家》《成都文物》等省内外期刊报纸上发表学术论文，内容涉及考古研究、陈列展览、藏品研究、文创开发、遗址保护与利用、文物保护与修复、博物馆建设与发展、社会教育实践、宣传推广等方面，在一定程度上推动了业务工作的开展。

2019年度成都金沙遗址博物馆学术论文发表统计表

序号	篇名	作者	刊名	期数
1	“三星堆”在异国讲述瑰丽文明	李蓓、王方	《人民日报》文化遗产版	2019年1月12日
2	博物馆临时展览照明设计初探——以金沙遗址博物馆为例	田湘萍、赵东	《中国博物馆》	2019年第1期
3	中国出土黄金面具鉴赏	任华利	《收藏家》	2019年第1期
4	十二桥文化早期遗存初论	于孟洲、吴超明	《考古学报》	2019年第2期
5	成都金沙遗址博物馆“复活”玛雅文明	秦晴	《中国文物报》	2019年2月26日
6	金沙遗址的发掘及研究	朱章义	《三星堆：人与神的世界——四川古蜀文明特展》，Gangemi Editore Spa	2019年3月

续表

序号	篇名	作者	刊名	期数
7	透物见人，走进古人精神世界：“神与人的世界——四川古代文明特展”策展思路	王方	《三星堆：人与神的世界——四川古蜀文明特展》，Gangemi Editore Spa	2019年3月
8	成都市金沙遗址的发掘及初步研究	朱章义	《古蜀华章——四川古代文物菁华》，北京时代华文书局	2019年3月
9	金玉同辉　流光溢彩——古蜀金沙王国珍藏秘宝	王方	《古蜀华章——四川古代文物菁华》，北京时代华文书局	2019年3月
10	金色记忆：中国古代的黄金艺术	王方、黄玉洁	《美成在久》	2019年3月
11	再现与重建：解读“金色记忆——中国出土14世纪前金器特展”	黄玉洁	《金色记忆——中国出土14世纪前金器特展》，四川人民出版社	2019年3月
12	古蜀玉器中的齐家文化因素	王方	《成都文物》	2019年第3期
13	远眺与沉思：“神话·信仰·宗教——与玛雅文明的对话”国际学术论坛综述	吴超明、田湘萍	《成都文物》	2019年第3期
14	走进金色记忆——中国出土14世纪前金器特展撷菁	吴超明、唐静	《收藏家》	2019年第4期
15	传播学视野下的博物馆	曾灵、秦晴	《开放与共享——博物馆学理论与实践新探索》，人民出版社	2019年6月
16	新时代　新模式——记成都金沙遗址博物馆文创发展交流会	成都金沙遗址博物馆文创与营销部	《中国文物报》	2019年6月25日
17	金沙遗址玉石璋的出土情况及初步认识	王方	《华夏文明》	2019年第7期
18	故事中的展览，感知中的历史——“发现·中山国”策展解析	黄玉洁、杨建华	《发现·中山国》，巴蜀书社	2019年8月
19	成都金沙遗址博物馆文创工作的探索与实践	陈文、黄华、刘正维	《文化月刊》	2019年第8期
20	不容错过的暑期考古科普之旅——“发现·中山国”亮相金沙	胡程	《中国文物报》	2019年8月13日第007版
21	共享与传播：科技助力金沙文化由传统走向未来	吴彬	《四川日报》	2019年9月30日
22	外国博物馆是如何树立和推广博物馆品牌的？	赵娜	《中国文物报》	2019年11月26日
23	夏风西渐——试析二里头文化对古蜀玉器的冲击与影响	王方	《三星堆研究》，巴蜀书社	2019年12月

四、图书信息建设

2019年，成都金沙遗址博物馆建立了馆内研究著作出版制度与规范，确立和完善图书阅览室规章制度，修订了《图书资料管理制度》《图书阅览室服务管理制度》《图书借阅管理办法》《图书管理员岗位职责》《图书采购管理办法》等管理办法；做好图书阅览室采编、管理、流通、开放相关事务。

全年录入图书管理系统的图书1750册；入库临展图录、导览手册、馆刊3100余册；购书290册；馆际交换送出图书134册，收到图书217册；馆际合作邮寄金沙出版物309次，共计1267册；馆内出版物内部领用133册，赠送文博科研单位及专家等733册；馆内借书263册次，还书202册次；装订2017年至2018年过期期刊360册。

先后与成都文物考古研究院、重庆中国三峡博物馆等科研机构及文博单位签订长期图书交换协议，继续与四川博物院、成都博物馆等友好合作单位开展出版物交换等工作。

陈列展览

EXHIBITIONS

综述

2019年，成都金沙遗址博物馆在做好基本陈列运行维护的基础上，对基本陈列局部进行了优化提升，共引进符合博物馆定位并进行原创设计的展览11个，促进了博物馆策展水平的提升。除打造富有金沙特色的展览品牌外，博物馆还致力于深化古蜀文明与中国其他区域文化、古蜀文明与世界其他文明的纵向和横向对比，积极与国内外博物馆进行展览交流，创新展览输出形式，共策划设计古蜀专题对外巡展14个。

一、常设展览

2019年成都金沙遗址博物馆在定期做好基本陈列的日常维护工作的同时，加强了对基本陈列局部的优化改造，以提升展陈效果。

完成三展厅入口灯光优化改造，将灯光效果延伸至铜立人展柜后方，增强入口处灯光的整体效果，同时对每个灯具进行动态效果设计，安装灯具防眩光罩，并通过对灯具控制系统的设计，实现对灯光动态效果的实时调整与管理。

完成太阳神鸟金饰展柜提升改造。改造后的太阳神鸟金饰展柜对弧形玻璃罩的材质、展柜升降机械装置、展陈灯具等都进行了整体更换，更加清晰、真实地呈现了太阳神鸟金饰的原貌，优化了弧形玻璃罩与机械系统的连接方式，展柜开启更加平稳。此外，还在展台中增加了防震装置，按照《建筑抗震设计规划》（GB5011–2010）设防烈度（7度）罕遇地震设计，确保了文物安全。

基本陈列第三展厅入口处灯光改造后效果

太阳神鸟金饰展柜提升后效果

二、临时展览

2019年，成都金沙遗址博物馆积极创新策展理念，构筑金沙“5+1”特色展示体系，不仅延续“重要考古发现”“世界文明”“中国区域文明”“文物专题”等系列原创展的策划，同时进一步增加展览切入点，拓展“艺术金沙”原创临展项目。

● 玛雅的世界：洛杉矶郡艺术博物馆藏古代玛雅艺术品特展

展览时间：2018年12月18日至2019年3月17日

展览地点：陈列馆负一层临时展厅

本次展览由四川省文化和旅游厅、四川省文物局、成都市文化广电新闻出版局（现为“成都市文化广电旅游局”）联合指导，成都金沙遗址博物馆与湖北省博物馆、深圳博物馆、美国洛杉矶郡艺术博物馆联合主办，属于成都金沙遗址博物馆原创临展体系“世界文明”系列展览。展览主要聚焦于玛雅人的精神世界，分为“宇宙观念”“神灵崇拜”“艺术与宗教中的动物”“王权统治与神圣仪式”四个部分，通过展出美国西部最大的艺术博物馆——洛杉矶郡艺术博物馆馆藏的214件（套）古代中美洲艺术精品，向观众呈现了玛雅文明在宇宙观念、宗教信

“玛雅的世界：洛杉矶郡艺术博物馆藏古代玛雅艺术品特展”展厅实景

“玛雅的世界：洛杉矶郡艺术博物馆藏古代玛雅艺术品特展”展厅实景

仰、王权、艺术、社会与生活等方面的独特魅力，揭开了玛雅文明的神秘面纱，并为成都市民提供近距离接触玛雅文物、了解玛雅文明的平台。

展览期间，编辑出版了展览图录，推出导览手册、宣传折页。提供定时的中英文义务讲解，以及中英文微信导览、官方App导览、志愿者导览等服务。开展“小小玛雅

“玛雅的世界：洛杉矶郡艺术博物馆藏古代玛雅艺术品特展”社教活动

“玛雅的世界：洛杉矶郡艺术博物馆藏古代玛雅艺术品特展”观众参观

人”戏剧教育活动、“彩绘神鸟盘”“百变玛雅人”“手工皂”“鳄鱼笔筒”“鳄鱼来了”等一系列社教活动。

本次展览共吸引约70万人次前来参观。媒体报道共计2300余篇，网络直播3次，总观看量高达312.3万人次。该展荣获“2019年度四川省博物馆十大陈列展览精品·国际及港澳台合作奖”。

玛雅文明重要遗址展

展览时间：2019年2月2日至3月17日

展览地点：博物馆园区

该展览主要介绍了玛雅文明湮没于丛林几个世纪后重新被发现的历程、早期的考古发掘及玛雅文明不同时期的6个重要遗址。

“玛雅文明重要遗址展”展览实景

2019成都金沙太阳节主题灯艺展

展览时间：2019年2月3日至20日

展览地点：博物馆园区

本届灯艺展围绕“古蜀文明与玛雅文明的对话”的内容主题，深挖古蜀与玛雅文明的文化元素，对灯组进行创意设计，从城市文化、太阳崇拜、精神信仰等方面，展现两个古代文明对世界历史文化的独特贡献。设计上，在融合传统民俗元素的基础上开拓创新，着重于利用文化、文物等元素，结合现代审美理念及园林景观进行布局，并首次尝试以“写意”进行创意设计，利用现代科技手段在形、色、声、光、动等方面全新提升，将静态展示的文物变为直观可视的“活态”彩灯，不仅提升了品质，达到动静结合、视觉与听觉统一的效果，也极大丰富了展示内容，是对展览的有力补充，使彩灯在烘托新春欢乐祥和气氛的同时，

“2019成都金沙太阳节主题灯艺展”实景

成为与文明对话的全新平台。展览通过45组，特别是4组超15米高的特大型彩灯以及数千个绚丽的各形装饰灯，营造了超过1万平方米的立体氛围空间，将金沙点亮成一个美轮美奂的光影世界。

“2019成都金沙太阳节”主题灯艺展全面贯彻绿色环保办节的理念，新增光源全部使用LED光源，不仅呈现了丰富的色彩，也使能耗大大降低，根据实际测定，以往太阳节灯组负荷约1100kW，而本届太阳节灯组负荷仅300kW。

“2019成都金沙太阳节主题灯艺展”实景

牵手：古蜀与玛雅的对话

展览时间：2019年2月3日至3月17日

展览地点：陈列馆负一层冥想空间

玛雅与古蜀两个远隔重洋的古老文明，虽有着不同的发展历程，但却有着一些十分相似的精神认知。本展览从自然崇拜、动物崇拜、祖先崇拜、宗教祭祀几个方面，带领观众领略二者的精神认知。

“牵手：古蜀与玛雅的对话”展览实景

太平有象——明清牙雕艺术展

展览时间：2019年4月16日至6月23日

展览地点：陈列馆负一层临时展厅

该展览是继“玉汇金沙——夏商时期玉文化特展”和“金色记忆——中国14世纪前出土金器特展”之后，原创策划的又一个以金沙出土文物材质为主题的“文物专题”系列临展。展览展出了来自成都金沙遗址博物馆、东莞市博物馆、广东民间工艺博物馆、四川博物院、成都文物考古研究院、广州市工艺美术总公司等6家收藏单位的古代象牙制品和明清牙雕珍品，分为“包罗万象”和“方寸玲珑”两个单元，向观众展示了巧夺天工的中国工艺之美。同时，展览还联合国际爱护动物基金会，通过多媒体和互动展项，共同关注“大象保护”这一全球性课题，在传承文化和记忆的同时践行生态文明建设。

在68天的展期里，观众人数3万余人；组织“策展人带你看展览”直播1场，观看人数25.8万；官方微博推广采用“太平有象展”和“象牙禁贸”双话题，阅读量共430余万。

“太平有象——明清牙雕艺术展”观众参观

“太平有象——明清牙雕艺术展”展厅实景

“金沙记忆”展览实景

金沙记忆

展览时间：2019年6月8日至12月31日

展览地点：遗迹馆

展览通过图文结合展示及时间轴，介绍金沙遗址自发现到博物馆建设和发展的历程，并向观众展示金沙遗址的文物保护、修复工作及研究、展示的成果。

发现·中山国

展览时间：2019年7月25日至10月27日

展览地点：陈列馆负一层临时展厅

该展览由成都金沙遗址博物馆、河北博物院、河北省文物考古研究院共同策划，隶属于原创临时展览“重要考古发

“发现·中山国”展厅实景

“发现·中山国”展厅实景

现”系列。为实现“拉近公众与考古距离”的展览目的，本次展览定位为“考古科普展”，从考古发现着手，以讲故事的形式对展览内容进行串联，再结合通俗易懂的文字、图版等多种方式讲述了中山国从立国到强大再到繁荣的传奇故事。

“发现·中山国”展览开幕式戏剧表演

展览分为“序厅（中山国考古发现档案）”及“立国·经年浮沉”“征战·抗衡七雄”“建都·兴邦伟业”“习礼·兼收并蓄”等四个单元，讲述了战国中山国从立国到军事、都城和文化等诸多方面的面貌。结合“考古科普展”的宗旨，展览创新设计了

“发现 · 中山国”观众参观

互动折页，通过体验、答题的形式，在微博发起了一场“中山英雄会”，共收到105.2万次讨论。同时拓展了“探秘中山国”室外展示空间，用提问的形式呈现目前学界还未定论的诸多疑问及不同观点，激发了观众对考古探秘的好奇心与热情。

本次展览共吸引约42万人次前来参观。媒体报道共计500余篇，网络直播总观看量高达290万人次。该展荣获“2019年度国家文物局‘弘扬优秀传统文化培育社会主义核心价值观’主题展览推介项目”及“2019年度四川省博物馆十大陈列展览精品奖”。

探秘中山国

展览时间：2019年7月25日至10月27日

展览地点：陈列馆负一层冥想空间

展览从古中山国遗址出土器物入手，探寻中山国之谜。通过列举展示学界对一些未有定论的问题的观点，启发观众思考提问，探寻中山国的未解之谜。

“探秘中山国”展览实景

读城——首都与成都

展览时间：2019年9月29日至11月30日

展览地点：遗迹馆

本次展览是成都金沙遗址博物馆联合首都博物馆举办的首个教育体验展，以图版、互动体验和系列特色社会教育活动讲述首都北京和天府成都的千年嬗变。

“读城——首都与成都”教育体验展开幕式

展览分为北京、成都两个部分。北京部分讲述了北京城池的设计布局和遗存现状；成都部分则展示出成都城诞生、历史变迁和现状。不囿于传统的博物馆观展体验，“读城——首都与成都”是一个由青少年与博物馆共同构建的展览。展览筹备阶段，博物馆就邀请青少年儿童以北京和成都为主题创作了美术作品，作为读城展览的一部分展出。展览期间，还通过城墙砖搭建、“绘·成都”系列景点打卡绘画、老照片征集、“我心中的天府成都”儿童主题画展等活动让观众体验展览不断完善的过程。

“读城——首都与成都”教育体验展观众参观

“读城——首都与成都”教育体验展“绘·成都”活动

● 纸的对话——丹麦@金沙

展览时间：2019年10月29日至11月24日

展览地点：陈列馆负一层冥想空间

该展览由成都金沙遗址博物馆、成都市非物质文化遗产保护中心联合主办，得到了成都市金沙小学、《成都商报·红星新闻》的特别支持。展览分为丹麦剪纸作品《七个龙蛋》与金沙元素剪纸作品两个部分。通过展示中丹两个不同地方、不同风格的剪纸作品，力求开启不同地域、不同文明间的对话。这是成都金沙遗址博物馆“艺术金沙”系列临展的首次尝试。

“纸的对话——丹麦@金沙”展览实景

不同于传统的博物馆藏品展示，此次展览中金沙元素剪纸作品均为社会众筹所得，展览共收到了来自全国各地、各行各业30余位热爱金沙文化的观众投稿。金沙小学为配合此次展览，率先在校内发起了一场剪纸创意活动，还特设了展览分会场，在校内公共空间举办了一场“纸的对话——剪纸艺术展”。此次展览拉近了考古遗址与公众的距离，体现了公众参与和馆校合作的成果。

“纸的对话——丹麦@金沙”展览开幕式活动

“金沙小学举办配套剪纸创意活动”

金玉琅琅——清代宫廷仪典与生活

展览时间：2019年12月26日至2020年6月14日

展览地点：陈列馆负一层临时展厅

该展览由成都金沙遗址博物馆与故宫博物院联合主办，主要展示了金器和玉器在清代宫廷祭祀、万寿、大婚、贺岁四个盛大隆重的仪典中的使用情况，共分为“敬天法祖”“万寿盛典”“龙凤呈祥”“辞旧迎新”等四个部分。展览通过展出故宫博物院藏158件/套清代宫廷金、玉器珍品，向观众呈现了清代宫廷金、玉器制作的艺术成就以及器物背后所蕴含的清代宫廷礼制与生活，并为成都市民提供近距离观赏故宫文物、了解清宫知识的平台。

本次展览共吸引约16.8万人次前来参观。媒体报道共计700余篇，网络直播总观看量高达168万人次，线上全景导览浏览量 1.31万人次，语音导览使用量1.07万人次，微信小程序访问量4007人次。

“金玉琅琅——清代宫廷仪典与生活”展厅实景

以玉礼天

“金玉琅琅——清代宫廷仪典与生活”展览开幕式

“金玉琅琅——清代宫廷仪典与生活”展览观众参观

“金玉琅琅——清代宫廷仪典与生活”展览“新年书福”活动

2019年度成都金沙遗址博物馆策划与实施的临时展览一览表

序号	展览名称	主题	展品数量	主办单位	展览时间
1	玛雅的世界：洛杉矶郡艺术博物馆藏古代玛雅艺术品特展	本次展览为观众呈现出古代玛雅人的宇宙观念、宗教信仰、王权、艺术、社会与生活等，其中大部分展品在中国首次展出。	214件/套	成都金沙遗址博物馆、美国洛杉矶郡艺术博物馆、湖北省博物馆、深圳博物馆	2018年12月18日至2019年3月17日
2	玛雅文明重要遗址展	展览介绍玛雅文明湮没于丛林几个世纪后重新被发现的历程、早期的考古发掘及玛雅文明不同时期的6个重要遗址。	8件/套	成都金沙遗址博物馆	2019年2月2日至3月17日
3	2019成都金沙太阳节主题灯艺展	围绕“古蜀文明与玛雅文明的对话”的内容主题，深挖古蜀与玛雅文明的文化元素，对灯组进行创意设计，从城市文化、太阳崇拜、精神信仰等方面，展现两个古代文明对世界历史文化的独特贡献。	45组	成都金沙遗址博物馆、自贡灯贸集团股份有限公司	2019年2月3日至20日
4	牵手：古蜀与玛雅的对话	玛雅与古蜀，两个远隔重洋的古老文明，虽有着不同的发展历程，却有着一些十分相似的精神认知。本展览从自然崇拜、动物崇拜、祖先崇拜、宗教祭祀几个方面，展现两种文明的风采。	6件/套	成都金沙遗址博物馆	2019年2月3日至3月17日
5	太平有象——明清牙雕艺术展	展览汇集了来自东莞市博物馆等6家收藏单位的古代象牙制品和明清牙雕珍品，向观众展示巧夺天工的中国古代牙雕工艺之美。同时联合国际爱护动物基金会，共同关注“大象保护”这一全球性课题，在传承文化和记忆的同时，践行生态文明建设。	86件/套	成都金沙遗址博物馆、东莞市博物馆、广东民间工艺博物馆、四川博物院、成都文物考古研究院、广州市工艺美术总公司	2019年4月16日至6月23日
6	金沙记忆	展览通过图文展示及时间轴，介绍金沙遗址自发现到博物馆建设和发展的历程，向观众展示金沙遗址的文物保护、修复工作及研究、展示的成果。	4件/套	成都金沙遗址博物馆	2019年6月8日至12月31日
7	发现·中山国	展览选取战国中山国遗址出土的227件/套精品文物，从考古发现出发，结合出土文物及相关文献，从起源、战争、都城、交流四个方面讲述中山国从立国到强大再到繁荣的整个过程。	227件/套	成都金沙遗址博物馆、河北博物院、河北省文物考古研究院	2019年7月25日至10月27日
8	探秘中山国	展览从古中山国遗址出土器物入手，探寻中山国之谜。通过展示学界中关于中山国的一些未有定论的问题及观点，启发观众思考提问，探寻中山国的未解之谜。	8件/套	成都金沙遗址博物馆	2019年7月25日至10月27日

续表

序号	展览名称	主题	展品数量	主办单位	展览时间
9	读城——首都与成都	本次展览是成都金沙遗址博物馆举办的首个教育体验展，以图版、互动体验和系列特色社会教育活动讲述首都北京和天府成都的千年嬗变。	26件/套	成都金沙遗址博物馆、首都博物馆	2019年9月29日至11月30日
10	纸的对话——丹麦@金沙	本次展览由丹麦艺术家、中国剪纸大师、剪纸爱好者以及学校多方合作完成，以“众筹众创”的形式，共同为观众献上一场别开生面的纸上艺术对话。	29件/套	成都金沙遗址博物馆、成都市非物质文化遗产保护中心	2019年10月29日至11月24日
11	金玉琅琅——清代宫廷仪典与生活	展览展示了故宫博物院藏清代皇家御用金、玉器珍品共158件/套，讲述清代宫廷中皇家祭祀、祝寿、大婚以及过年的仪式和习俗，再现宫廷生活的奢华。	158件/套	成都金沙遗址博物馆、故宫博物院	2019年12月26日至2020年6月14日

三、输出展览

盛筵——见证《史记》中的大西南

展览时间：2018年9月29日至2019年1月6日

展览地点：重庆中国三峡博物馆

该展览通过《史记·西南夷列传》中的文献记载串联，用单元区隔对应介绍西南地区的古国，用高等级的青铜礼乐或饮食等器物，进一步证实了史书记载的真实性，填补了相关文献空白。让观众能够欣赏到从“蛮夷之地”到绚烂多彩的古蜀文化、巴文化、滇文化、夜郎文化以及百越文化，穿梭时空的长廊，漫步青铜的盛筵。展览展出了金沙遗址博物馆金器、铜器共计18件。金沙遗址出土文物作为古蜀文明十二桥文化的典型代表，再现了古蜀文明的繁盛和辉煌。

该展荣获“第十六届（2018年度）全国博物馆十大陈列展览精品奖”。

“盛筵——见证《史记》中的大西南”展厅实景

神与人的世界——四川古代文明特展

展览时间：2018年12月14日至2019年3月11日

展览地点：意大利共和国那不勒斯国家考古博物馆

2018年12月，在四川省文物局的精心指导下，由成都金沙遗址博物馆牵头策划设计的“神与人的世界——四川古代文明特展”在意大利开启了巡展。展览精选四川广汉三星堆博物馆、成都金沙遗址博物馆、四川博物院、四川省文物考古研究院、成都博物馆、成都文物考古研究院、绵阳市博物馆、茂县羌族博物馆等8家文博单位的百余件馆藏珍品，涵盖黄金制品、青铜造

“神与人的世界——四川古代文明特展”展览现场

像、玉石礼器、漆木器、陶质人物与动物俑、画像砖以及铸饰神秘“巴蜀图语”的铜兵器等考古遗珍。展览以四川近年考古新发现和考古研究成果为学术支撑，精选从商至汉代四川古代文明中极具文化价值和艺术价值的代表性文物，通过考究的文物组合、丰富的图文信息和考古视频、数字化展示等多种辅展方式，全面而生动地描画出古代四川“人与神的世界”，充分展示文物之美，在突显四川古代先民和谐祥美的世俗生活和深沉博大的精神世界的同时，为意大利观众传递四川远古先民非凡的艺术想象力与创造力。

王的盛宴——见证《史记》中的大西南

展览时间：2019年1月23日至5月3日

展览地点：贵州省博物馆

该展览以《史记》相关记载作为线索，用文献与文物互证的方式，将精美的文物置于宏大历史背景下进行展示。展览全方位展示了西南地区高等级祭祀遗迹、窖藏、墓葬出土的青铜礼器、乐器、生活用器等，讲述了各具特色的古蜀文化、巴文化、滇文化、夜郎文化、百越文

“王的盛宴——见证《史记》中的大西南”展厅实景

“王的盛宴——见证《史记》中的大西南”展厅实景

化，再现了西南地区融入中华大家庭的历史进程。展览展出了金沙遗址博物馆金器、铜器共计18件。金沙遗址出土文物作为古蜀文明十二桥文化的典型代表，再现了古蜀文明的繁盛和辉煌。

三星堆：人与神的世界——四川古蜀文明特展

展览时间：2019年3月25日至10月18日

展览地点：意大利罗马图拉真市场及帝国广场博物馆

该展览是习近平总书记对意大利进行国事访问后中意双方第一个重大的文化交流活动，开启了古蜀文明全球巡展的新征程。展览由四川省文物局组织策划，四川广汉三星堆博物馆、成都金沙遗址博物馆、四川博物院、四川省文物考古研究院、成都博物馆、成都文物考古研究院、绵阳市博物馆、茂县羌族博物馆等文博机构共同参与，其中成都金沙遗址博物馆承担了展览的内容策划与设计工作。展览选取了古蜀文明三星堆遗址、金沙遗址、竹瓦街窖藏到马家战国墓等出土的精美神秘的青铜器、金器、玉器等，同时加入了汉代极富生活气息的陶俑和画像砖等，前后延续上千年，是古代四川人与神、人与自然和谐共处的真实反映。而众多珍贵文物传递出非凡的艺术想象力与创造力，谱写了天府四川雄浑瑰丽的浪漫神曲，为意大利及欧洲观众奉献了一场精神与文化的盛宴。该展荣获“第十七届（2019年度）全国博物馆十大陈列展览精品·国际及港澳台合作奖”。

“三星堆：人与神的世界——四川古蜀文明特展”嘉宾采访现场

“三星堆：人与神的世界——四川古蜀文明特展”展厅实景

灵蛇传奇

展览时间：2019年4月30日至8月25日

展览地点：成都博物馆

该展览围绕中国和意大利“蛇”（“龙”）形文物与艺术品，挖掘“万物有灵”的古蜀文明主题，诠释古老图腾及其在中西方文化中的象征寓意，展现古代“万物有灵”的理念与当代蛇形艺术之美。展品涵盖古罗马、古埃及的珍贵文物，以及我国商周至明清的精美文物，20世纪至21世纪中西方顶级的蛇形艺术品等。展览展出了金沙遗址博物馆馆藏商周石蛇，这件石蛇头部高昂，口内涂抹朱砂，身体盘曲成S形，造型生动、制作精良，是古蜀时期石雕作品的精品，表现了古蜀人民对自然界细致的洞察力和对自然万物的崇拜。

“灵蛇传奇”展厅实景

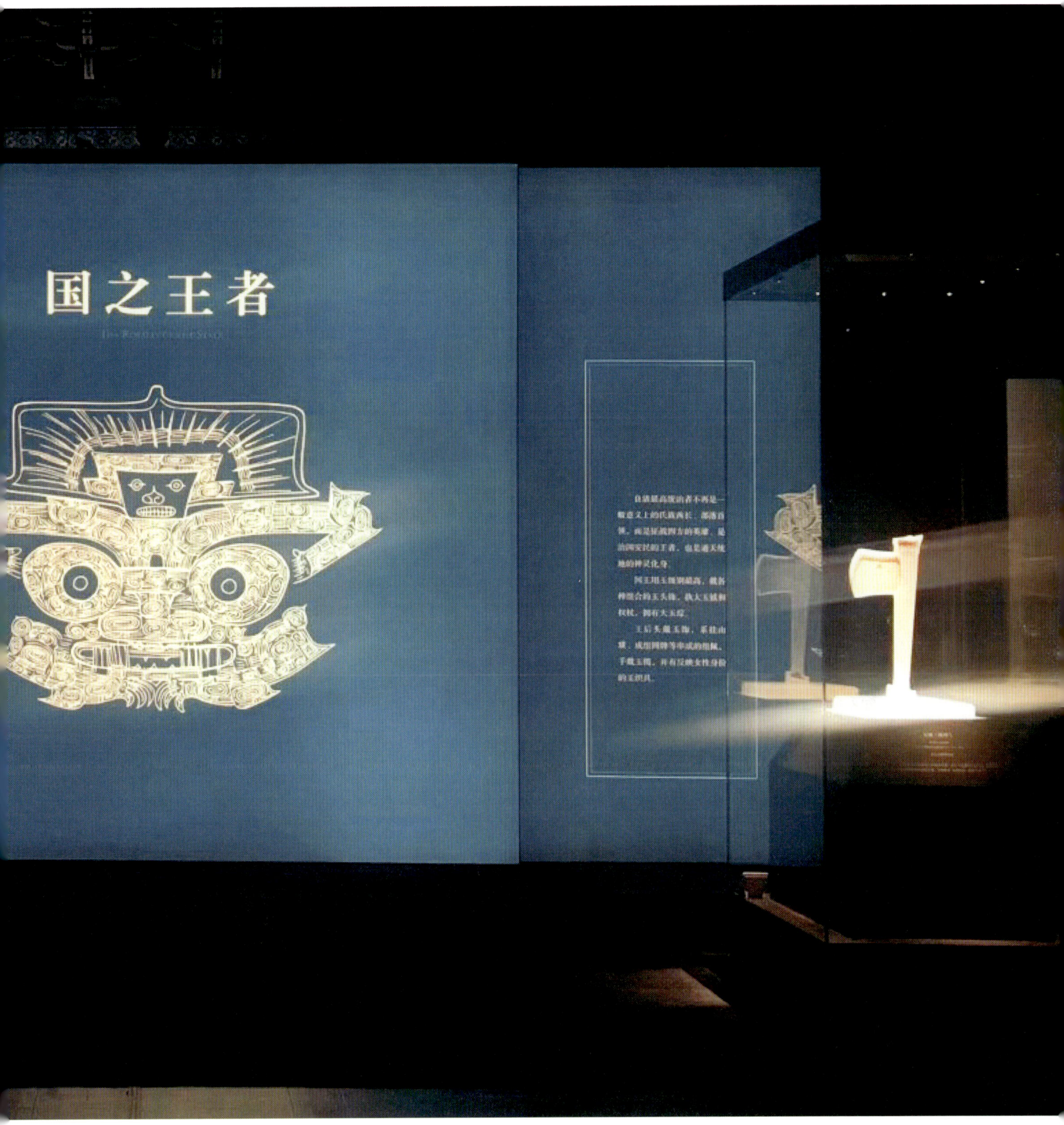
国之王者

神秘的古蜀王国——三星堆、金沙文化特展

展览时间：2019年9月3日至29日

展览地点：摩洛哥拉巴特中国文化中心

该展览以彩灯展、数字图片展和3D打印品等数字化保护、智慧化建设成果为载体，以增强现实、虚拟现实等信息化技术为手段，以学术探讨和专家导览为补充，让古蜀文明以更加智慧、经济、便捷的形式进入北非地区，让远在非洲的国际观众，跨越时间和空间的距离，通过虚拟参观的形式观赏到太阳神鸟、黄金面具等被列入国家“禁止出国（境）展览文物”名录的珍贵文物，有效地促进了文化的交流与互鉴。活动吸引《新华社》《China Daily》、中央广电总台国际在线、中国文化网等数十家媒体关注报道，覆盖国内外观众18000余人次。

“神秘的古蜀王国——三星堆、金沙文化特展”展览现场

璋显中国——中华牙璋文物特展

展览时间：2019年10月16日至2020年1月31日

展览地点：二里头夏都遗址博物馆

该展览分为“牙璋之解”“二里头牙璋”“牙璋之源”“二里头文化牙璋的传播”等单元，共展出二里头遗址、陕西石峁遗址、三星堆遗址、金沙遗址等出土的牙璋，向观众展示中华牙璋的起源、演变、传播及影响，生动再现了各种文化的传播交流。展览展出了金沙遗址博物馆馆藏玉、石璋，共计18件。金沙遗址出土的玉石璋数量众多、种类丰富，为中华牙璋的发展研究提供了科学资料。

“璋显中国——中华牙璋文物特展”展厅实景

金沙文化进校园——金沙迷你博物馆

展览时间：2019年11月29日至今

展览地点：成都市金沙小学

该展览面向儿童观众，共分为“金沙发现记”“金沙探险记”“金沙生活记”和“金沙信仰记”等四个部分，利用陶器、青铜器、动物骨骼标本等教具，辅以形式多样的互动体验项目及多媒体数字资源，由浅入深诠释金沙遗址丰富的文化内涵。该展览实现了学生们足不出校园便可亲身体验、感知和互动，开国内馆校双方在校园内共建“迷你博物馆”的先河，搭建起古蜀文明与金沙文化传播与传承的新平台。

“金沙文化进校园——金沙迷你博物馆”展厅实景

金沙生活记
The Lifestyle of Jinsha
金沙先民在美丽富饶的成都平原建立了自己的国家——金沙古国。人们日出而作，日落而息，过着富足安乐的生活，还创造了很多精美绝伦的手工制品。
捕鱼和狩猎
劳作在农田
金沙先民使用木耜（sì）等农具进行耕种，同时，他们也在河中捕鱼，去周边的森林里采集野果，捕猎野兽。
美石琢为玉
泥土化成
金沙古国有着发达的
业，金沙先民已经熟练掌
器、玉器、铜器、石器、
很多手工制品的加工技术。

"万物有灵 · 四川之夜"主题活动之古蜀文明数字展

展览时间：2019年12月9日

展览地点：英国自然历史博物馆

该展览通过文字、图片、视频、VR等方式，打破时空界限，让海外观众一览文物全貌，了解古蜀文明，让东西方不同地域、不同文化的人类文化典藏共聚一堂，携手完成一次跨文化的文明交流与互鉴。

"'万物有灵 · 四川之夜'主题活动之古蜀文明数字展"海报及展览现场

万物有灵——四川古蜀文明数字艺术展

展览时间：2019年12月11日至2020年1月11日

展览地点：墨西哥国立人类学博物馆

该展览以文字、图片、视频、AR和VR多媒体互动方式全方位展现三星堆和金沙遗址出土的纵目面具、青铜神树、太阳神鸟金饰、金蛙形器等近50件文物及其文化内涵。

"万物有灵——四川古蜀文明数字艺术展"海报及展览现场

发现三星堆：三星堆与巴蜀考古——纪念三星堆遗址发现九十周年特展

展览时间：2019年12月20日至2020年8月30日

展览地点：四川广汉三星堆博物馆

该展览主要讲述三星堆遗址发现和发掘的故事，回顾三星堆文化研究的兴起与发展，以及展示四川古蜀文明考古发掘工作取得的重要成果，呈现四川考古文化事业兴起、发展与精进的历程。金沙遗址博物馆有6件文物参展，包括金器、铜器、玉石器等。金沙遗址是21世纪初中国重要的考古发现，经过考古工作者十多年的考古发掘及保护研究，为四川古代文明的起源、发展、交流等提供了丰富资料。

"发现三星堆：三星堆与巴蜀考古——纪念三星堆遗址发现九十周年"特展现场

“发现三星堆：三星堆与巴蜀考古——纪念三星堆遗址发现九十周年”特展现场

读城——首都与成都

展览时间：2019年12月1日至2020年12月31日

展览地点：成都市金沙小学

该展览内容主要分为北京、成都两个部分。北京部分展示了北京城池的历史变迁、设计布局、修筑工艺、功能规划以及遗存现状；成都部分展示了成都城池的历史变迁、现状以及成都深厚的历史文化底蕴。此次展览由成都金沙遗址博物馆与成都金沙小学合作进行，旨在通过此展览对广大青少年进行爱国主义教育，促进青少年观众对首都北京和天府成都历史的了解，体会城市之间的文化交流，进而达到爱祖国、知家乡的学习目的和情感教育。

“读城——首都与成都”展览现场

2019年成都金沙遗址博物馆输出展览一览表

序号	展览名称	主题	展品数量	合作单位	展览时间
1	盛筵——见证《史记》中的大西南	该展览通过《史记·西南夷列传》中的文献记载串联，用单元区隔对应介绍西南地区的古国，用各类高等级的青铜礼乐或饮食等器物，进一步证实了史书记载的真实性，填补了相关文献空白。	202件/套	重庆中国三峡博物馆、广西壮族自治区博物馆、四川博物院、四川广汉三星堆博物	2018年9月29日至2019年1月6日
2	神与人的世界——四川古代文明特展	展览以四川近年考古新发现和考古研究成果为学术支撑，精选从商至汉代四川古代文明中极具文化价值和艺术价值的代表性文物，通过考究的文物组合、丰富的图文信息和考古视频、数字化展示等多种辅展方式，全面而生动地描画出古代四川“人与神的世界”。	131件/套	四川省文物局、意大利共和国那不勒斯国家考古博物馆	2018年12月14日至2019年3月11日
3	王的盛宴——见证《史记》中的大西南	展览以《史记》相关记载作为线索， 用文献与文物互证的方式，将精美的文物置于宏大的历史背景下进行展示。全方位地展示了西南地区高等级祭祀遗迹、窖藏、墓葬出土的青铜礼器、乐器、生活用器等，讲述了各具特色的古蜀文化、巴文化、滇文化、夜郎文化、百越文化，彰显了西南青铜文明的独特魅力,见证了南方丝绸之路的拓殖与发展，再现了西南地区融入中华大家庭的历史进程。	217件/套	贵州省博物馆	2019年1月23日至5月3日
4	三星堆：人与神的世界——四川古蜀文明特展	该展览是四川省对外文化交流与宣传的重点项目，展览既选取了古蜀文明三星堆遗址、金沙遗址、竹瓦街窖藏及马家战国墓等出土的精美神秘的青铜器、金器、玉器等，又有汉代极富生活气息的陶俑和画像砖等，前后时间延续上千年，是古代四川人与神、人与自然和谐共处的真实反映，而众多珍贵文物传递出非凡的艺术想象力与创造力，谱写了天府四川雄浑瑰丽的浪漫神曲，为意大利及欧洲观众奉献一场精神与文化的盛宴。	145件/套	四川省文物局、意大利罗马图拉真市场及帝国广场博物馆	2019年3月25日至10月18日
5	灵蛇传奇	展览围绕中国和意大利“蛇”（“龙”）形文物与艺术品，挖掘“万物有灵”的古蜀文明主题，诠释古老图腾及其在中西方文化中的象征寓意，展现古代“万物有灵”的理念与当代蛇形艺术之美。展品涵盖古罗马、古埃及的珍贵文物，以及我国商周至明清的精美文物，20世纪至21世纪中西方顶级的蛇形艺术品等。	183件/套	成都博物馆	2019年4月30日至8月25日

续表

序号	展览名称	主题	展品数量	合作单位	展览时间
6	国宝盛宴——《史记》中的西南边疆	展览以《史记》相关记载作为线索，用文献与文物互证的方式，将精美的文物置于宏大的历史背景下进行展示。全方位展示了西南地区高等级祭祀遗迹、窖藏、墓葬出土的青铜礼器、乐器、生活用器等，讲述了各具特色的古蜀文化、巴文化、滇文化、夜郎文化、百越文化，彰显了西南青铜文明的独特魅力,见证了南方丝绸之路的拓殖与发展，再现了西南地区融入中华大家庭的历史进程。	300件/套	云南省博物馆	2019年5月18至8月18日
7	良渚与古代中国——玉器显示的五千年文明	良渚文化是我国重要的新石器时代考古学文化，在中华文明“多元一体”的历史进程中发挥了独特而重要的作用，对后世文化产生了深远的影响。	260件/套	良渚博物院 故宫博物院	2019年7月16日至11月3日
8	神秘的古蜀王国——三星堆、金沙文化特展	展览以图文展板、多媒体互动装置、3D打印品、公共讲座和专家导览等方式，首次将古蜀文明菁华带到非洲大陆。	12件/套（3D打印品）	摩洛哥拉巴特中国文化中心	2019年9月3日至9月29日
9	璋显中国——中华牙璋文物特展	展览分为“牙璋之解”“二里头牙璋”“牙璋之源”“二里头文化牙璋的传播”等单元，共展出二里头遗址、陕西石峁遗址、三星堆遗址、金沙遗址等出土的牙璋，向观众展示中华牙璋的起源、演变、传播及影响，生动再现了各种文化的传播交流。	60余件/套	二里头夏都遗址博物馆	2019年10月16日至2020年1月31日
10	金沙文化进校园——金沙迷你博物馆	展览面向儿童观众，共分为“金沙发现记”“金沙探险记”“金沙生活记”和“金沙信仰记”四个部分，利用陶器、青铜器、动物骨骼标本等教具，辅以形式多样的互动体验项目及多媒体数字资源，由浅入深诠释金沙遗址丰富的文化内涵。	40余件/套（复制品）	成都市金沙小学	2019年11月29日至今
11	“万物有灵·四川之夜”主题活动之古蜀文明数字展	通过文字、图片、视频、VR等方式，打破时空界限，让海外观众一览文物全貌，了解古蜀文明，让东西方不同地域、不同文化的人类文化典藏共聚一堂，携手完成一次跨文化的文明交流与互鉴。	12件/套	四川省人民政府新闻办公室、四川省互联网信息办公室、四川文化传播有限公司	2019年12月9日
12	万物有灵——四川古蜀文明数字艺术展	展览以文字、图片、视频、AR和VR多媒体互动方式全方位地展现三星堆遗址和金沙遗址出土的纵目面具、青铜神树、太阳神鸟金饰、金蛙形器等近50件文物及其文化内涵。	12件/套	四川省人民政府新闻办公室、四川省互联网信息办公室、四川文化传播有限公司	2019年12月11日至2020年1月11日

续表

序号	展览名称	主题	展品数量	合作单位	展览时间
13	发现三星堆：三星堆与巴蜀考古——纪念三星堆遗址发现九十周年特展	展览讲述三星堆遗址发现和发掘的故事，回顾了三星堆文化研究的兴起与发展，展示四川古蜀文明考古发掘工作取得的重要成果，呈现四川考古文化事业兴起、发展与精进的历程。	284件/套	四川广汉三星堆博物馆	2019年12月20日至2020年8月30日
14	读城——首都与成都	本展览分北京、成都两个部分。北京部分展示了北京城池的历史变迁、设计布局、修筑工艺、功能规划以及遗存现状；成都部分展示了成都城池的历史变迁、现状以及成都深厚的历史文化底蕴。	26件/套	成都市金沙小学	2019年12月1日至2020年12月31日

宣传推广

PUBLICITY AND PROMOTION

综述

2019年，成都金沙遗址博物馆围绕传统节日、主题特展、文化活动，深挖古蜀文化特质，创作优质内容，拓展媒体关系，在自媒体和大众融媒体等平台上开展了形式多样的宣传推广工作。以更加先进和科学的手段，向全球观众介绍古蜀文明，全面宣传和推广金沙文化。

一、自媒体宣传

微信

本年度，“金沙遗址博物馆”公众号共推送微信图文消息42次，112篇，平均头条阅读量1.3万人次，单篇最高阅读量25651人次。累积留存观众人数由2018年12月31日的212447人，增至2019年11月19日的293077人。其中18–35岁的年轻用户占总关注数量的51.39%，成都市外的用户占比63.80%，这两项数据表明，“金沙遗址博物馆”公众号的粉丝受众呈现年轻化态势，且通过优质的内容留住了很大一批曾来馆参观的外地观众，使他们成了公众号的忠实粉丝。

积极与文创与营销部、公众服务与社会教育部等其他部门联动，丰富推文主题。微信公众号发布的内容包括展览和藏品深度解读、节庆活动攻略、文创产品上新、志愿者和社教活动资讯、学术活动资讯、美图集锦等，通过深挖现有的展览和藏品研究资料、查阅学术研究论文，以有趣的标题、通俗易懂的语言、简洁流畅的排版方式，将深度解读、阅读门槛较高的推文与主题轻松、娱乐性更强的推文间隔发布。

微博

继续主持运营原有优质话题“金沙遗址”“金沙太阳节”“金沙文创”“鹿野仙踪”，创立并主持运营新话题“玛雅在金沙”“太平有象展”“象牙禁贸”“大象填色比赛”“发现中山国”“中山英雄会”“首都与成都”“纸的对话”“金沙双耳面具杯”。在发布内容方面，主要包括活动讯息、文物小知识、美图分享、粉丝福利、文博行业快讯等类别，碎片化强、注重视觉美感，适应平台特性。同时为适应短视频潮流，本年度增大了原创视频微博发布数量。

在运营方式方面，除了积极配合微博站方活动，参与站方主推“博物馆奇妙之旅”等各类话题之外，本年度开始尝试线上、线下联动的方式进行推广，如“玛雅在金沙”“大象填色比赛”“中山英雄会”三个话题，通过地铁站厅或博物馆展厅内的小卡片推广话题活动，号召粉丝参与线上讨论、赢取精美礼品，再通过线上的话题互动反过来促进该话题所覆盖的线下展览的推广，提升了观众的参与度。

根据第三方数据统计平台“清博大数据”统计，官微账号@金沙遗址博物馆上榜“全国4A景区微博传播指数周榜TOP10”共40次，其中有15次位列前三名。单条微博最高阅读量131万人次，互动量（转评赞数）5698条。荣获中国文物信息中心颁发“2019年度文博十大创新力官微”称号。

微博直播

本年度减少了直播数量，但技术上采用单独的收音设备提升音质，内容上避开纯粹的“展览讲解”方式，而是传递更多展览背后的故事。此外，对信息量较大的直播进行精选剪辑，以短视频的方式二次分发，达到了良好的传播效果。

为了弥补直播数量减少、不到馆观众的参观需求，宣传团队对学术讲座等时效性不强、收录音质要求高的场景，采用录播后剪辑发布的方式，把时长1-2小时的讲座按主题剪辑为短视频，更适应新媒体的用户阅读习惯，如“发现·中山国”系列讲座即采用这种方式发布。

直播期间，在线观看人数为：“博物馆奇妙之旅”轮播房直播观看人数239万人；策展人讲解 “太平有象——明清牙雕艺术展”观看人数25万人；视频精剪分发播放量2万+；“2019成都金沙太阳节”古蜀祭祀观看人数10万人。

二、其他媒体报道

2019年，成都金沙遗址博物馆借助其他媒体报道共计3000余篇。

中央级媒体报道40篇。其中央视电视报道16篇（包括CCTV-13新闻频道7分钟现场直播及重播各一次、央视《新闻联播》4次、《中国新闻》1次）、《新华社》30分钟网络直播1次；央级报刊报道24篇，包括《光明日报》刊发1篇、《精神文明报》刊发报道5篇、《中国文化报》刊发8篇、《人民日报》海外版刊发的近1篇整版、中国日报英文网及中文网各刊发报道1篇；在CCTV播出专题纪录片2个，分别为CCTV-9《发现》栏目播出6集《金沙迷雾》、CCTV-10《探索发现》栏目播出2集纪录片《金色记忆》。

境外媒体报道和境内英文报道33次。为配合打造博物馆的国际品牌，加大了面向国际受众的宣传推广，全年实现境外媒体报道22次：包括法新社报道2篇、亚洲文旅卫视电视报道5篇等；国内英文报刊，如《HELLO CHENGDU》发布报道11篇。

省市级媒体报道857篇。其中电视报道127次、报刊报道120篇、电台报道210次、地铁电视报道400次、网站报道1300余次。

新媒体报道900余篇。其中微信300余篇，手机客户端600余篇。

全年接待媒体采访、拍摄50余次。配合媒体完成新闻稿件采写、专题报道选题策划、视频节目脚本撰写等工作，从而最大限度地利用已有资源，为博物馆争取全量曝光。

2019年其他媒体报道统计表

境外媒体报道			
报道日期	媒体名称	报道题目	媒体类型
2019年2月1日	亚洲文旅卫视（网站）	2019金沙太陽節首次亮燈 點亮30萬平方米光影世界	网站
2019年2月1日	亚洲文旅卫视	2019金沙太陽節首次亮燈 點亮30萬平方米光影世界	亚旅资讯
2019年2月11日	亚洲文旅卫视	穿越兩千年 跨越南美洲——金沙遺址裡的瑪雅世界	亚旅资讯
2019年2月12日	亚洲文旅卫视（网站）	新年第一講：館長視角解讀金沙太陽節	网站
2019年3月22日	jin11 日文网站	金沙の春：成都金沙遺跡博物館–四川成都	网站
2019年5月15日	jin11–四川：天府の自遊	金沙に遇うとポーランドでデート–四川成都	网站
2019年5月17日	jin11–四川：天府の自遊	5月17日夜:詩の考古学–archeology as poem–金沙–四川成都	网站
2019年7月10日	LIVEDOOR NEWS	良渚遺跡から金沙遺跡への「贈り物」	网站
2019年7月16日	jin11–四川	【予告】227件特別展：『発見・中山国』–金沙遺跡博物館–成都市–四川	网站
	法新社	世界遺産の良渚遺跡から金沙遺跡への「贈り物」	网站
	亚洲文旅卫视（网站）	七月下 到金沙領略「戰國第八雄」風采	网站
2019年7月24日	jin11 日文网站	準備作業;『発見・中山国』–成都金沙遺跡博物館–成都市	网站
2019年7月29日	LIVEDOOR NEWS	成都市で戦国時代「第8の雄」中山国の特別展　四川省	网站
2019年9月5日	jin11 日文网站	古代蜀文明が初めてアフリカに入り、シルクロード対話……金沙遺跡博物館–成都市	网站
2019年9月27日	jin11 日文网站	タグ：【発見・中山国】	网站
2019年11月5日	AFP News	紙を通じたデンマークと中国の対話、四川省成都市で切り絵展覧会	网站
中央级网络报道			
报道日期	媒体名称	报道题目	媒体类型
2019年2月5日	新华社日本专线	中国の無形文化遺産、神秘的な「マヤの世界」を構築	网站
2019年2月13日	新华社西班牙语专线	Civilizaci ó n maya ilumina Año Nuevo lunar en China	网站
2019年2月14日	新华社英文广播	Ancient Maya arts on display in SW China	网站

续表

2019年10月30日	新华社 印度尼西亚Twitter	“纸的对话——丹麦@金沙”展览内容（英文版）	网站
中央级报纸报道			
报道时间	媒体名称	报道题目	版面或来源
2019年1月2日	光明日报	千年金沙遗址对话玛雅文明 文化盛宴中迎接新年	9版 文化新闻
	人民日报	“三星堆”在异国讲述瑰丽文明（文明之声）	5版 文化遗产
2019年1月17日	精神文明报	“2019成都金沙太阳节” 将于2月3日开幕	A3版 文化·生活
2019年2月13日	中国文化报	成都地区六大博物馆春节接待观众超165万人次	8版 文化遗产
2019年2月14日	精神文明报	博物馆里的“文化年”——2019四川成都金沙太阳节掠影 本报记者 胡桂芳 实习记者 李林晅	1版 要闻
	精神文明报	安保人员24小时值守 保障游客安全	2版 综合新闻
	中国文化报	春节假期旅游总收入580.42亿元 四川文旅发展迎来“开门红”	8版 巴蜀文韵
2019年2月26日	中国文化报	“定制讲解”喜闻乐见——成都“馆长讲解日”常态化	8版 文化遗产专题
	中国文物报	跨越时空的交流 突破传统的展示	5版 博物馆周刊
2019年3月5日	精神文明报	一位用镜头记录文物的志愿者	B3版 志愿·公益
2019年3月27日	中国文化报	四川古蜀文明特展亮相意大利罗马	8版 文化遗产
2019年4月24日	中国文化报	太平有象展览图片新闻	8版 文化遗产
2019年6月4日	人民日报（海外版）	成都金沙遗址博物馆探寻神秘的古蜀王都（你所不知道的一级馆）	7版 文明中国
2019年6月25日	中国文物报	新时代 新模式记金沙遗址博物馆文创发展交流会	5版 视点
2019年7月12日	中国文化报	古蜀十节玉琮与良渚文化“同宗同源”：见证一场数千年前的“亲密接触”	8版 文化遗产
2019年8月2日	中国文化报	走进“发现·中山国”文物展战国“第八雄”露真容	8版 文化遗产
2019年8月13日	中国文物报	不容错过的暑期考古科普之旅	7版 工作
2019年8月22日	中国文化报	告别“宅”、“走”出来、“活”起来——“行走”的文物出行指南	4版 特别关注
2019年8月24日	人民日报	博物馆如何开启奇妙之夜	5版 文化遗产
2019年10月22日	人民日报	成都国际非遗节，跨界与混搭成关键词世界风邂逅中国韵	14版 文化

续表

2019年10月31日	精神文明报	“纸的对话——丹麦@金沙” 剪纸艺术展亮相成都金沙遗址博物馆	A2版 综合新闻
2019年11月26日	中国文物报	外国博物馆是如何树立和推广博物馆品牌的	3版 综合
2019年12月10日	中国文物报	指尖上的非遗剪纸艺术展“纸的对话——丹麦金沙”略览	7版 展览
中央级电视媒体报道			
报道日期	媒体名称	报道题目	栏目
2019年2月4日	CCTV-4	多国“熊猫小记者”成都过新年	中国新闻
2019年2月8日	CCTV-13	金沙遗址博物馆里过文化年	新闻直播间（直播）
2019年2月9日	CCTV-1	新年俗 博物馆里过大年	新闻联播（首播）
	CCTV-13	新年俗 博物馆里过大年	新闻联播（首播）
	CCTV-4	新年俗 博物馆里过大年	新闻联播（重播）
	CCTV-13	新年俗 博物馆里过大年	新闻联播（重播）
2019年2月12日	CCTV-9	金沙迷雾（一）	发现
2019年2月13日	CCTV-9	金沙迷雾（二）	发现
2019年2月14日	CCTV-9	金沙迷雾（三）	发现
	CCTV-9	金沙迷雾（四）	发现
2019年2月15日	CCTV-9	金沙迷雾（五）	发现
2019年2月18日	CCTV-9	金沙迷雾（六）	发现
2019年5月17日	CCTV-4	四川成都：文创产业走进成都金沙遗址博物馆	中国财经报道
2019年8月14日	CCTV-10	金色记忆（上）	探索·发现
2019年8月15日	CCTV-10	金色记忆（下）	探索·发现
省市级电视媒体报道			
报道日期	媒体名称	报道题目	栏目
2018年1月1日	CDTV-1	习主席新年贺词感想	成视新闻
2018年1月6日	四川卫视	玛雅与金沙“超时空”对话	今日视点

续表

2019年1月31日	SCTV-4	2019成都金沙太阳节首次全园亮灯	新闻现场
	SCTV-4	当古蜀遇上玛雅 超时空神秘对话	新闻现场
	SCTV-4	玛雅之光 再现中美洲神秘文明	新闻现场
	SCTV-4	走进穿越千年的古蜀文明	新闻现场
	SCTV-4	内容丰富优惠大 来金沙与文明对话	新闻现场
2019年2月1日	SCTV-4	金沙太阳节亮灯 一起感受古文明	新闻现场
	SCTV-3	2019金沙太阳节昨晚亮灯 金猪灯组重2.2吨	经视新闻
	CDTV-1	金沙太阳节推“玛雅之光”	新闻630
	CDTV-2	2019金沙太阳节昨晚首次亮灯 30万平方米光影世界等你来看	深夜快递
	CDTV-5	金沙太阳节推“玛雅之光”	成都 全接触主档
2019年2月2日	CDTV-2	2019金沙太阳节明日开节 带妆彩排提前带你看精彩	深夜快递
	CDTV-5	SNG连线：2019成都金沙太阳节明日开节	成都 全接触主档
2019年2月3日	SCTV-4	2019金沙太阳节 今晚开节啦	新闻现场
	四川卫视	金沙太阳节 今晚开幕	今日视点
	CDTV-1	金沙太阳节今晚开幕 精彩节目先睹为快	成视新闻
	CDTV-1	熊猫小记者体验金沙太阳节	成视新闻
	CDTV-1	欢度中国年 体验新天府	今晚800
	CDTV-2	金沙太阳节即将开幕 预热活动有年味儿	深夜快递
	CDTV-2	2019成都金沙太阳节正式开幕	深夜快递
	CDTV-5	熊猫小记者 收获特别礼物	成都 全接触主档
2019年2月5日	SCTV-4	新年祈福 听金沙击磬一声	新闻现场
	CDTV-1	延续古蜀传统 金沙祭祀迎新年	成视新闻
	CDTV-2	大年初一：金沙祭祀击磬迎新年 延续古蜀传统祈福	深夜快递

续表

2019年2月5日	CDTV-5	熊猫小记者 体验金沙“太阳节”	成都 全接触主档
	CDTV-5	金沙太阳节 祭祀击磬迎新	成都 全接触主档
2019年2月6日	SCTV-4	金沙太阳节 花市迎新春	新闻现场
	CDTV-1	金沙花市开市 感受墨西哥风情	成视新闻
	CDTV-2	好嗨哟！到金沙花市赏异国风情“墨西哥花园”等着您	深夜快递
	CDTV-5	来金沙遗址感受绝美墨西哥花园！	成都 全接触主档
2019年2月7日	SCTV-4	巴蜀文明牵手玛雅文化 让你一天穿越2000年	新闻现场
	CDTV-1	金沙太阳节：“活态展示”感受2000年玛雅文明	成视新闻
	CDTV-2	逛金沙玛雅文明：让你瞬间穿越两千年 一脚跨进中美洲	深夜快递
	CDTV-5	一天穿越2000年 一脚跨进中美洲	成都 全接触主档
2019年2月8日	SCTV-4	大年初四 带您游逛金沙太阳节	新闻现场
	SCTV-4	天南地北美食多 各显神通卖得欢	新闻现场
	四川卫视	金沙太阳节 天南地北美食多	今日视点
	CDTV-2	吃在金沙太阳节 各种美食不停歇	深夜快递
	CDTV-5	太阳节“吃货攻略”尽享舌尖饕餮盛宴	成都 全接触主档
2019年2月9日	四川卫视	金沙：新春欢乐大巡游	今日视点
	SCTV-4	金沙欢乐大巡游 开启美好童心	新闻现场
	CDTV-2	欢乐大巡游 畅玩最美金沙太阳节	深夜快递
	CDTV-5	欢乐大巡游 畅玩太阳节	成都 全接触主档
2019年2月10日	SCTV-4	春节大假今结束 共25万人次游金沙	新闻现场
	CDTV-1	精彩节目轮番上阵 金沙太阳节热情洋溢	成视新闻
	CDTV-2	三大主题表演登陆金沙太阳节 市民感受别样风情	深夜快递
	CDTV-5	金沙太阳节 精彩节目轮番上阵	成俗全接触

续表

2019年2月11日	CDTV-1	台上台下“歌唱祖国”回荡金沙	今晚800
	CDTV-1	台上台下大合唱《我的祖国》回荡金沙	成视新闻
	CDTV-2	成都春节游花样多 绿道游乡村游成为新晋打卡地	深夜快递
	CDTV-5	台上台下“歌唱祖国”回荡金沙	成都全接触
2019年2月12日	SCTV-3	金沙遗址“馆长讲解日”解读金沙太阳节背后的文化内涵	经视新闻
	SCTV-4	去金沙博物馆 馆长带你逛展会	新闻现场
	CDTV-1	太阳节遇上“馆长讲解日”	今晚800
	CDTV-1	馆长讲解日 开启“定制讲解之旅”	成视新闻
	CDTV-5	太阳节遇上“馆长讲解日”	成都全接触
2019年2月13日	SCTV-3	成都：金沙遗址博物馆“定制”文创产品受青睐	经视新闻
	SCTV-4	逛金沙遗址博物馆 黑科技碰撞古蜀文化	新闻现场
	CDTV-1	坐上82路 玩转成都！	成视新闻
	CDTV-1	“黑科技”与爆款文创 在金沙等你来	成视新闻
	CDTV-5	“黑科技”与爆款文创 在金沙等你来	成都全接触
2019年2月15日	SCTV-3	成都金沙太阳节 AR技术让文物“动”起来	经视新闻
	SCTV-4	金沙太阳节 AR镜带您玩穿越	新闻现场
	CDTV-2	来金沙太阳节看“黑科技” 带你穿越回玛雅时代	深夜快递
	CDTV-5	AR技术助力太阳节	成都全接触
2019年2月17日	CDTV-1	AR技术助力太阳节	成视新闻
	SCTV-4	“玩”在博物馆 到金沙过别样节日	新闻现场
	CDTV-5	“玩”在太阳节 亲手制作“金沙记忆”	成都全接触
2019年2月18日	CDTV-5	SNG连线：神秘之美 玛雅艺术品特展	成都全接触
2019年2月19日	四川卫视	金沙：包汤圆 团团圆圆闹元宵	四川新闻

续表

2019年2月19日	SCTV-3	包汤圆 吃汤圆 金沙太阳节上过大年	经视新闻
	SCTV-4	正月十五闹元宵 太阳节快乐多	新闻现场
	CDTV-1	太阳节上闹元宵 喜气洋洋	成视新闻
	CDTV-2	包汤圆 送汤圆 金沙太阳节热闹过大年	深夜快递
	CDTV-5	金沙给你不一样的“元宵节”	成都全接触
	地铁电视	玛雅展宣传片	成都全接触
	地铁电视	太阳节宣传片	（循环播放）
	四川广播电台	太阳节资讯	（循环播放）
	成都广播电台	太阳节资讯	（循环播放）
2019年2月22日	SCTV-2	2019成都金沙太阳节圆满收官	文旅直通车
2019年2月27日	FM97.0	玛雅文化在身边	世界遗产二三事
2019年3月6日	FM97.0	玛雅文化在身边第二期	世界遗产二三事
2019年4月8日	CDTV-5	单霁翔与太阳神鸟	成都全接触
2019年4月16日	CDTV-2	明清牙雕文物今日开展：一度方寸间的鬼斧神工	深夜快递
	CDTV-5	来金沙看方寸牙雕世界里的大千世界	成都全接触
2019年4月17日	SCTV-4	太平有象 明清牙雕艺术展	新闻现场
2019年5月4日	四川卫视	玩转成都 金沙遗址博物馆：方寸牙雕看大千世界（4）	四川新闻
2019年5月16日	四川广播电台	文物有戏 | 消失的冶金师	四川新闻频率
2019年5月18日	SCTV-3	国际博物馆日 儿童剧唱响金沙	经视新闻
	SCTV-4	国际博物馆日 儿童剧唱响金沙	新闻快报
	CDTV-5	儿童剧《幸福密码》亮相金沙	成都全接触
	四川卫视	5G+4K+VR 感受金沙诗会	今日视点
2019年7月16日	四川卫视	“玉”见五千年文明金沙文物“进宫”	早安成都

续表

2019年7月23日	SCTV-3	暑期考古科普展《发现·中山国》将于7月25日开展	经视新闻
	SCTV-4	双翼神兽亮相蓉城 带你探秘“战国第八雄”	新闻现场
	SCTV-2	晚间栏目中滚动播出展览讯息	文旅直通车
2019年7月24日	四川卫视	双翼神兽亮相蓉城 带你探秘“战国第八雄”	早安四川
2019年7月25日	CDTV-2	227件精美文物亮相金沙 带你走进善战好饮的“千乘之国”	深夜快递
	CDTV-5	两千年陈酿露面 观展人：看看就好	成都全接触
	SCTV-4	今年暑期到金沙看“战国第八雄”	现场快报
	CDTV-1	今年暑假 到金沙发现“战国第八雄”	成视新闻
	成都广播电台	中山国展览	FM998 成广新闻
	SCTV-8	暑假去金沙 看教育戏剧观精品文物	四川教育新闻
2019年7月26日	四川卫视	《发现·中山国》展——来金沙探寻“战国第八雄”	今日视点
2019年8月2日	SCTV-8	学做小小讲解员 暑期实践收获多	四川教育新闻
2019年8月16日	CDTV-2	把现代舞跳进博物馆 大型原创舞剧《根》即将上演	深夜快递
2019年8月17日	CDTV-5	现代舞跳进博物馆 原创舞剧《根》即将上演	成都全接触
	SCTV-3	把现代舞跳进博物馆	经视新闻
2019年8月22日	SCTV-8	博物馆免费舞蹈课搭建艺术交流平台	四川教育新闻
2019年9月7日	SCTV-4	“太阳神鸟”月饼 复刻《山海经》奇幻美感	新闻现场
2019年9月17日	SCTV-4	双翼神兽亮相金沙 带你发现“中山国”	新闻现场
2019年9月29日	CDTV-5	“读城”展开幕 来金沙看两“都”蝶变	成都全接触
2019年9月30日	SCTV-4	《读城——首都与成都》教育体验展开幕	新闻现场
	CDTV-2	来金沙看两“都”蝶变 寻找最珍贵的城市记忆	深夜快递
	SCTV-3	金沙遗址博物馆：首个教育体验展 《读城——首都与成都》开展	经视新闻
2019年10月2日	CDTV-5	金沙举行《我和我的祖国》古琴版快闪	成都全接触
	CDTV-2	假期逛展长见识：到金沙博物馆感受文化魅力	深夜快递

续表

2019年10月4日	CDTV-5	“打卡”博物馆 国庆假期文化游走俏（读城+中山国）	成都全接触
2019年10月29日	SCTV-3	剪纸艺术展“纸的对话——丹麦@金沙”开幕	经视新闻
	SCTV-4	童话北欧遇上古蜀金沙剪纸艺术展开幕	新闻现场
	CDTV-1	“纸的对话——丹麦@金沙”剪纸艺术展开幕	成视新闻
	CDTV-2	【剪纸艺术展：童话北欧遇上古蜀金沙】	云上深夜快递
	CDTV-5	“纸的对话——丹麦@金沙”剪纸艺术展开幕	成都全接触
	成都新闻广播	【剪纸艺术展“纸的对话——丹麦@金沙” 金沙遗址博物馆开幕】	FM99.8微博
2019年11月5日	SCTV-8	中西剪纸作品齐聚金沙 和而不同尽展艺术风采	四川教育新闻
2019年12月24日	SCTV科教	解读成都历史变迁 厚植中华文化之根	四川教育新闻
2019年12月26日	四川卫视	故宫国宝到金沙	今日视点
	四川卫视	故宫国宝到金沙	四川新闻
	SCTV-4	故宫文物来成都了 约起!	四川电视台 新闻现场
2019年12月27日	SCTV-新闻	故宫文物来成都了 约起!	四川观察 新闻现场
省市报纸报道			
报道日期	媒体名称	报道题目	版面或来源
2019年1月2日	成都日报	书法花艺玛雅文化 观众热捧博物馆展览	11版 文化体育
	成都商报	跨年大展 精彩上演	3版 要闻
2019年1月4日	四川工人日报	春节、元宵去哪玩儿？一系列文化惠民活动等你来成都	1版 要闻
2019年1月7日	四川日报	从“太阳”到“神鸟”的共鸣	7版 文体·新闻
2019年1月8日	四川日报	一步步 带你读懂玛雅世界	13版 文化新闻
2019年1月14日	成都日报	千年古蜀对话玛雅 传统筵席的守护者	7版 要闻
		“成都大庙会”“人日游草堂”“金沙太阳节” 三大新春文化品牌活动 今年怎么玩?	10版文化体育
2019年1月21日	新城快报	新春跨年大展 玛雅的世界	6版 成都新闻
2019年1月22日	新城快报	成都金沙太阳节	4版 成都新闻
2019年1月21日	成都日报	文旅深度融合 新春活动精彩纷呈在成都过年 可以这样玩	8版 文化体育

续表

2019年1月23日	四川日报	猪年新春 博物馆里好看又好玩	12版 文化体育
2019年1月29日	新城快报	春节游金沙玩转太阳节	8版 天府文化
2019年2月1日	新城快报	玛雅之谜、古蜀之光	8版 天府文化 精彩成都年
	新青羊	新年去哪耍？区长邀你来青羊	A4版 特别报道
	四川日报	奇幻光影预热金沙太阳节	1版 要闻
	成都商报	2019金沙太阳节昨晚亮灯	3版 要闻
	成都晚报	金沙太阳节昨晚首次亮灯 今年去看古蜀遇上玛雅	1版 要闻
	天府早报	近20米高的组合灯组亮相金沙太阳节	B8版 民生视点
	成都日报	2019金沙太阳节首次亮灯	7版 文化
2019年2月2日	成都晚报	金沙太阳节十多个原创节目：舞台效果与舞蹈无缝衔接	2版 新闻
2019年2月3日	成都晚报	2019成都新年文化艺术月3大新年文化活动今日开幕 老民俗新玩法 新时代彰显魅力新天府	1版 要闻
2019年2月4日	成都日报	金沙太阳节开门迎宾 赏彩灯 流光溢彩	3版 要闻
2019年2月7日	成都日报	金沙遗址博物馆 墨西哥花园现成都 新春狂欢乐不停	3版 要闻
2019年2月8日	成都日报	一天穿越两千年　一脚跨进中美洲 玛雅文明首次来成都开展	2版 要闻
2019年2月9日	四川日报	观展览 看演出 逛庙会——春节期间 成都各大博物馆人气旺	1版 要闻
2019年2月10日	成都日报	金沙太阳节 千米大巡游送欢乐	2版 要闻
2019年2月11日	天府早报	金沙遗址博物馆 玛雅文明的活态展示 太阳节最吸睛亮点	4版 民生视点
	成都晚报	成都165万人次博物馆里过新年 过年七天乐 天天都有别样精彩	5版 民生关注
	成都日报	成都各大博物馆人气爆棚 165万游客喜过文博年	5版 要闻 · 文化
2019年2月13日	成都晚报	馆长新年第一讲 听金沙太阳节的那些事	5版 要闻
	新城快报	“馆长讲解日”新年第一讲 主题展有大学问	8版 天府文化
	新城快报	文化活动集结总有一款打动你	8版 天府文化
2019年2月14日	天府早报	博物馆之旅——金沙遗址博物馆“3D打印咖啡”让你一口喝掉自拍	1版 要闻
	天府早报	你和“太阳神鸟”的自拍 可以一口喝掉“3D打印咖啡” 首次入驻成都文博界	3版 民生视点
	成都日报	“3D打印咖啡”有滋有味 太阳节上的金沙文创火了	12版 要闻 · 文化
2019年2月15日	新青羊报	博物馆里过大年 金沙中西混搭	5版 特别策划
	新城快报	周末耍太阳节吃喝玩乐一整天	8版 天府文化
2019年2月17日	华西都市报	文明“撞脸” 在金沙遇见神秘玛雅	8版 宽窄巷

续表

2019年2月19日	成都晚报	天府文化“春节红包” 赶紧抢哦 三大博物馆门票 元宵过后恢复原价	5版 民生关注
	成都日报	看彩灯 品文化 看晚会 金沙太阳节梦回炫彩古蜀	8版 文化体育
2019年2月20日	成都晚报	舞龙灯、耍狮灯、赏花灯……传统文化陪你过大年	4版 要闻
2019年2月21日	成都晚报	成都三大春节文化活动昨晚圆满收官18天接待游客近300万人次	4版 民生关注
2019年2月22日	天府早报	“花重锦官城甜点”、幸运小猪手链、草堂系列茶具……博物馆里这些文创好物 你种草了吗?	5版 民生视点
2019年3月3日	华西都市报	考古学家卜工做客金沙讲坛揭秘古蜀文明之谜：三星堆蒙面铜人是何方神圣？他们都是从事祭祀工作的巫师	A3版 文体汇
2019年3月25日	成都日报	成都古蜀“镇馆之宝”即将亮相罗马多件展品均属考古新发现和文物保护新成果	6版 要闻
2019年3月26日	成都晚报	三星堆古蜀文物精品闪耀罗马	2版 民生关注
	四川日报	四川古蜀文明特展走进罗马	1版 要闻·导读
	四川日报	145件（组）文物精品亮相罗马 古蜀文明与世界文明对话	5版 新闻纵横
	成都日报	成都说唱俑今日说唱到罗马 精彩图片先睹为快	8版 文体
2019年3月27日	华西都市报	三星堆的“人与神”一起亮相亚平宁四川古蜀文明特展惊艳罗马古城	8版 文体汇
	成都日报	中西方文明穿越时空的一次对话——古蜀文明罗马受追捧成都文物成焦点	8版 文体
	四川日报	古蜀文明罗马展正式向观众开放 首日吸引各方游客	10版 文化体育
	四川日报	“我爱四川，我爱三星堆”——访古蜀文明特展意方策展人	10版 文化体育
2019年3月29日	成都日报	透过“双百”榜 看成都新经济企业新变化	3版 要闻
2019年4月12日	华西都市报	金沙明清牙雕艺术展来了 古人劈出的象牙丝，竟比头发还细	7版 文体汇
	天府早报	快去观展 “翠玉白菜”同款牙雕亮相金沙	头版 导读
2019年4月17日	天府早报	比头发还细的象牙丝,你见过吗?	3版 民生关注
	成都日报	来金沙 看方寸牙雕里的大千世界	9版 文化专刊
	新城快报	方寸牙雕里的大千世界	头版 导读
	新城快报	方寸牙雕里的大千世界	5版 天府文化
2019年5月2日	华西都市报	“五一”博物馆里真热闹 灵蛇传奇、明清牙雕 你选哪一个?	2版 要闻
2019年5月5日	四川日报	接待观众约70万人次 成都各家博物馆成热门景点	4版 特别报道
	华西都市报	五一期间68.9万人在成都各大博物馆打卡	A3版 文体汇
	天府早报	68.9万人在成都各大博物馆打卡	3版 民生·服务
2019年5月10日	成都商报	清代的四川人喝酒 也拿“不惧内”开玩笑哟	5版 社会

续表

2019年5月15日	华西都市报	金沙遗址博物馆党总支书记朱章义：两者定会碰出火花	A3版 读四川
2019年5月20日	成都日报	想“象”，一“牙”知古蜀	3版 要闻
2019年5月27日	成都商报	你看，成都文创的脸	1版 要闻
2019年5月31日	天府早报	金沙鹿苑今年迎来第一批小鹿宝宝	7版 民生视点
2019年6月6日	成都商报	一眼三千年 来看成都的黄金美瞳	11版 文娱
2019年6月3日	成都日报	金沙石磬 天籁之音穿越3000年	3版 要闻
2019年6月10日	成都日报	太阳神鸟 十节玉琮 通向古蜀人的心灵世界	7版 要闻
	成都日报	金沙遗址博物馆馆长朱章义：十节玉琮跨越千里来到金沙	7版 要闻
2019年6月17日	成都日报	本报与五大博物馆联手推出活动 守护十大镇馆之宝 开启精彩暑期	头版 导读
	成都日报	守护十大镇馆之宝 开启一个精彩暑期本报与五大博物馆联手推出“博悟之旅——小小文物守护人”活动	7版 要闻
2019年6月20日	成都日报	来吧！小小文物守护人！	6版 要闻
	成都日报	十大镇馆之宝等你守护	6版 要闻
2019年7月2日	成都日报	我是小小文物守护人 20强挨个看	11版 文化
2019年7月5日	成都日报	“小小守护人”的画 离不开平时去博物馆	9版 要闻文化
2019年7月9日	新城快报	金沙玉琮与良渚文化同宗同源	8版 天府文化
	天府早报	良渚古城申遗成功，“同宗同源”的十节玉琮就在金沙！	头版 导读
2019年7月14日	成都日报	“博悟之旅”暑期文博大通关第二站走进金沙 找到啦！ 太阳神鸟诞生的地方	4版 要闻
2019年7月16日	新城快报	金沙文物“进宫”“玉”见中华五千年文明	7版 文化
2019年7月17日	新城快报	暑期去金沙 发现“战国第八雄”——《发现·中山国》展览将于7月25日开幕	8版 天府文化
	天府早报	25日到金沙 发现“战国第八雄”	B1版 要闻
	天府早报	又一个暑期考古科普展即将亮相金沙遗址博物馆 “战国第八雄”中山国撩开神秘面纱	B4版 民生视点
	天府早报	良渚申遗成功后首次大展亮相故宫 金沙两件文物“进宫”：玉琮和有领玉牙璧	B4版 民生视点
2019年7月19日	华西都市报	227件精品文物 即将亮相金沙 带你走进善战好饮的中山国	A8版 文体汇
2019年7月26日	四川日报	227件精美文物揭秘战国“第八雄”	7版 综合新闻
	新城快报	《发现·中山国》亮相金沙 带上孩子 开启暑期考古科普之旅吧	A8版 七零八零九零
	成都日报	拨开历史迷雾 “发现”中山国《发现·中山国》展览今起亮相金沙遗址博物馆	10版 文体
2019年8月9日	成都商报	大熊猫、太阳神鸟、天府文化酷炫开幕，成都风情醉来宾	2版 要闻

续表

2019年8月11日	成都商报	夜间经济2.0时代带你打卡夜成都	01版 要闻
2019年9月5日	天府早报	三维建模 让铜立人开口说话了！金沙遗址博物馆以短视频三维动画《细说青铜立人》获国际赛事银奖	B6版 民生·视点
	新城快报	铜立人开口“说话”了	A8版 天府文化
2019年9月6日	天府早报	“三星堆和金沙文化特展”亮相摩洛哥	B10版 民生·视点
	新城快报	三星堆和金沙文化特展亮相摩洛哥 古蜀文明首次走进非洲	A7版 七零八零九零
	成都日报	古蜀文明首次走进非洲 “太阳神鸟”惊艳摩洛哥	6版 要闻专刊
	四川日报	当青铜神树遇上现代舞：一场历史与舞蹈的奇妙对话	18版 天府周末·城事
2019年9月9日	天府早报	博物馆进军美食界，文创月饼刷新颜值 “太阳神鸟”月饼 你舍得吃吗?	B4版 民生·视点
2019年9月14日	成都商报	金沙遗址博物馆征集令：来与丹麦剪纸大师一起参展	2版 要闻
2019年9月16日	天府早报	把紫禁城搬回家，把金沙遗址搬回家……文创日历多爆款 2020年你的桌上放什么	头版 导读
	华西都市报	《故宫日历》带火文创日历市场，其2020版已在书店开售 成都的博物馆文创日历也有计划了	B2版 民生·新闻
2019年9月30日	天府早报	“非遗”文化展、盆景展、青瓷展尽兴逛展 请收下这份“博物馆攻略”	B8版 民生·视点
	四川日报	70年回眸 四川考古成果“全国瞩目”	9版 特别报道
	四川日报	博物馆 从高冷变成四川人的文化新客厅	10版 专刊
		成都考古 让世界文化名城建设的底色更加鲜亮	12版 专刊
		共享与传播：科技助力金沙文化由传统走向未来	13版 专刊
	新城快报	寻找最珍贵的城市记忆	A7版 壮丽70年 奋斗新时代
2019年10月5日	华西都市报	1、穿汉服逛川博看明代女子生活美学；2、金沙遗址 读南北两座古城	4版 博图志
2019年10月8日	华西都市报	国庆大假在成都逛博物馆125万人次！因为这座城市有太多重磅展览	A8版 文体汇
	成都商报	成都“国庆黄金周成绩单”出炉：全市接待游客首破2000万人次　五大系列活动，夜间消费场景吸睛	1版 要闻
2019年10月10日	四川政协报	四川大遗址之金沙：跨越3000年的相遇	4版 特稿
2019年10月30日	天府早报	童话北欧遇上古蜀金沙 剪纸艺术展等你本次展览体量最大的展品——“第四个蛋”高达3米哦	7版 民生视点
2019年11月9日	中山日报	中国和丹麦剪纸艺术在金沙对话	A6版 艺术
2019年11月17日	成都商报	以片纸寸画记新的日子——2020年日历种草清单	5版 城市发现
2019年12月18日	成都日报	金沙约你“进宫”	9版 要闻

续表

2019年12月18日	成都商报	金沙邀你“进宫”一睹清宫生活	6版 文娱 · 体育
	天府早报	清朝时装压岁钱的红包什么样？——金沙邀你“进宫”，感受一下真实的清宫生活	5版 民生 · 视点
2019年12月27日	成都日报	体验“清宫年俗” 书写“新年第一福”	8版 文化 · 专刊
	天府早报	体验“清宫年俗” 书写新年第一福	B4版 民生视点
	华西都市报	“清代皇帝”这样迎新年：用苍生赐福笔，写新年第一福	8版 文体汇
杂志报道			
报道时间	媒体名称	报道题目	版面
2019年2月	HELLO CHENGDU 杂志	金沙太阳节	第12页
2019年2月	东方商旅 杂志	遇见玛雅文明之光	封面文图
		在成都，遇见玛雅文明之光	第76–81页
2019年3月（2期）	一带一路报道（中英文）	当金沙邂逅玛雅——聚焦《玛雅的世界：洛杉矶郡艺术博物馆藏古代玛雅艺术品特展》	第126–129页
2019年4月	HELLO CHENGDU 杂志	头戴太阳帽的青铜立人	第80页
2019年5月	天府文化 杂志	一个梦 牵动一座城	第130–139页
2019年5月	HELLO CHENGDU 杂志	胡晓蓉：古与今的7000次诉说	第48–51页
2019年6月	HELLO CHENGDU 杂志	成德国宝旅游专线正式开行	第9页
2019年7月	HELLO CHENGDU 杂志	成都金沙遗址博物馆	第24–25页
2019年7月	如意时空 杂志	“太阳神鸟”金饰（中文）	第12页
2019年7月	如意时空 杂志	JINSHA SITE（英文）	第116–119页
2019年7月	天府文化 杂志	文创时代	第29页
2019年7月	天府文化 杂志	“博物馆之城”：意料之外的惊喜 成都文创集体发力，令人惊艳的特色文创正在袭来。	第45页
2019年7月	看四川	金沙智慧博物馆 让文物“活”过来	第10–15页
2019年7月	2019第二届世界文化名城论坛 · 天府论坛	2019第二届世界文化名城论坛 · 天府论坛	第65–68页

续表

2019年8月	先锋中国	文创好物：把“博物馆”带回家	第60页
2019年9月	HELLO CHENGDU 杂志	金沙面具杯@成都金沙遗址博物馆	第32–33页
		十节玉琮：三千年前的漂流记	第80页
2019年9月	中国会展 杂志	三星堆、金沙文化特展在摩洛哥开幕	第24页
2019年10月	HELLO CHENGDU 杂志	“发现·中山国”展览	第74页
		城市独家记忆 胡晓蓉	第34页
2019年11月	HELLO CHENGDU 杂志	纸的对话——丹麦@金沙	第74页
2019年11月	HELLO CHENGDU 杂志	博物馆里的成都	第48页

文化交流

CULTURAL EXCHANGE

综述

为促进地区之间文化交流，提升古蜀文化的国际影响力，扩大文化传播，成都金沙遗址博物馆不断加大与国内外博物馆、科研院校的互通与协作，广泛开展对外交流合作。

一、国内文化交流

2019年，成都金沙遗址博物馆积极拓宽文化交流模式，促进地区之间友好协作，先后与香港中文大学中国考古艺术研究中心、河北省文物考古研究院、四川省社会科学院、成都文物考古研究院、复旦大学、中山大学、南方科技大学、四川大学、故宫博物院、首都博物馆、湖北省博物馆、深圳博物馆、东莞市博物馆、广东民间工艺博物馆、河北博物院、四川博物院、成都博物馆、成都市非物质文化遗产保护中心等国内75家科研院校、文博单位，在课题研究、文物保护、展览策划、社会教育、宣传推广、智慧博物馆建设、文创开发等方面深入交流合作。

二、国际文化交流

- 与墨西哥玛雅文化展示专家展开对话

“2019年成都金沙太阳节”期间，围绕“玛雅的世界：洛杉矶郡艺术博物馆藏古代玛雅艺术品特展”，邀请墨西哥玛雅文化展示专家在园区、展厅等多个空间与游客进行互动，展示玛雅原住民的生活场景、礼仪习俗，与展厅的文物和园区的氛围营造相得益彰，不仅实现了文化的活化和再诠释，也为太阳节期间的宣传活动提供了话题。

玛雅文化活态展示

- 与英国伦敦大学学院签署项目合作协议

4月，成都金沙遗址博物馆与英国伦敦大学学院举行签约仪式，签订《中国成都金沙遗址博物馆与英国伦敦大学学院应用考古学中心项目合作协议》，旨在推动双方在智慧博物馆建设、观众调研、古蜀文明的国际传播等方面的后续合作。

- 与国际文化艺术界名人、国内考古学家、文化名人展开跨界对话

2019年“5・18”国际博物馆日期间，围绕“作为文化中枢的博物馆：传统的未来”主题，策划举办了“鹿鸣之会・诗意金沙” 文化交流沙龙，邀请国际文化艺术界名人与国内考古学家、文化名人同台，以诗歌的形式进行文化对话和交流，展现了不同语言、文化背景下对人类“文明共同体”的思索和互鉴。

- 与加拿大皇家安大略博物馆签署谅解备忘录

10月，成都金沙遗址博物馆邀请加拿大皇家安大略博物馆馆长一行参观调研金沙，并签订了《成都金沙遗址博物馆和加拿大皇家安大略博物馆谅解备忘录》，两馆就展览交流、人员互换、藏品管理和文物保护等方面达成共识，在此协议的基础上，将开启为期5年的长效合作机制。

- 与澳大利亚西澳大利亚博物馆达成合作意向

与澳大利亚西澳大利亚博物馆达成合作意向，拟就展览交流、智慧博物馆建设、文物保护、古蜀文明国际传播等方面展开更广泛的合作，为两馆长期合作提供框架依据，即将签订合作共建协议。

- 赴境外交流

根据《金沙遗址博物馆与澳大利亚维多利亚博物馆友好合作共建协议》，成都金沙遗址博物馆于12月派出两名专业人员赴该馆执行第二期员工交换项目。两位派出员工分别在宣传推广与文化活动、观众服务与行政管理两个岗位进行同业培训和经验交流，同时参与澳大利亚维多利亚博物馆的相关活动与执行工作。

与英国伦敦大学学院应用考古学中心签订合作协议

与加拿大皇家安大略博物馆签订谅解备忘录

与澳大利亚维多利亚博物馆签订合作协议

数字化建设

DIGITAL PROJECTS

综述

2014年3月，成都金沙遗址博物馆被国家文物局列为全国7家智慧博物馆试点单位之一，开启了智慧化探索和实践。2019年，在“智慧金沙”一期建设的成果基础上，秉持“以核心业务需求为导向，创新科技发展为支撑”的宗旨，开展智慧博物馆二期方案编制工作，依托国家重点文物保护项目“古蜀文明的数字化传播与服务”，持续推动博物馆信息化、智慧化水平的提高。

一、数字化管理

成都金沙遗址博物馆已建成包含数字资源、藏品、展览、会员、志愿者等11个子系统的综合信息管理平台，各系统集成于门户网站实现统一认证、单点登录，通过文物数字化保护应用总线实现系统对接与数据交互。2019年，系统运行稳定，使博物馆内部管理工作规范化、可视化，提升了工作效率。

2019年博物馆可视化数据

硬件设施设备维护方面，做好机房服务器、存储设备、局域网及无线Wi-Fi网络软硬件设施的日常运维工作；完成基础网络设备升级，采用第三方软件进行了带宽测速，使目前办公网+Wi-Fi的2G带宽得到了充分利用；完成园区Wi-Fi优化与改造项目，对于信号差、面积广的区域加设无线访问接入点，对故障设备进行维修保养，重新铺设故障线路；完成馆内公共区域Wi-Fi网络

信息上报系统界面

“发现 · 中山国”特展网站专题页

连接的实名认证和相关上网信息的保存，以提高博物馆互联网的使用安全；对局域网络设备进行了维修保养。

为保障博物馆各信息管理系统的正常运行和数据的及时更新、上报，科技与信息中心制定和完善了信息化管理制度，包含《成都金沙遗址博物馆信息网络安全管理制度》《成都金沙遗址博物馆局域网络管理制度》《成都金沙遗址博物馆网站管理制度》等，新增《成都金沙遗址博物馆综合信息管理与日常维护制度》。主要针对各应用系统、数据库等软硬件设施的管理与维护、应用系统数据更新规范、数据填报系统更新规范等内容，明确各岗位工作人员职能职责。

二、数字化展示

● 临展数字化

根据临展内容特色鲜明、更新快的特点，制作5个特展网站专题页，展示重点文物的图文信息；采集并制作360度全景虚拟漫游，2019年共采集4个展览、1个大型活动共计80个点位的全景数据，打造线上展览；拍摄展览视频，记录策展、布展、展览场景、展览活动、撤展的全过程，保留珍贵资料，为展览宣传提供素材。同时，结合临展内容量身定制数字化展示与互动，受到观众的喜爱与追捧。

“金玉琅琅——清代宫廷仪典与生活”特展360° 虚拟漫游

在“玛雅的世界：洛杉矶郡艺术博物馆藏古代玛雅艺术品特展”中，不仅邀请专家制作了深度的微信语音导览，还与北京邮电大学合作，开发AR互动设备“探究镜”，观众运用专用设备扫描展厅内“浮雕陶盒”“玉米女神陶像”等精品文物，即刻呈现出生动有趣的AR体验，增强现实技术与特展精品文物内容相结合，为观众提供虚实叠加，以及更加动感、形象的文物信息，这也是博物馆引入社会力量参与展览数字化的初步尝试。

观众体验AR“探究镜”

● 多媒体展览

2019年9月，“神秘的古蜀王国——三星堆、金沙文化特展”在摩洛哥拉巴特中国文化中心开幕，展览中运用3D打印技术制作的文物艺术品惟妙惟肖，使当地民众近距离一睹“禁止出国文物”的风采；金沙“智盒”装置运用AR技术，让文物的三维立体细节触手可及；金沙智慧导览AR互动运用增强现实技术，观众通过扫描现场图版，即可生成中英双语三维动画，了解陶器、玉器制作工艺、古蜀生态环境复原、使用石磬祭祀及古蜀文明起源发展等历史信息，生动形象地解读金沙文化及古蜀文明；“再现金沙”VR眼镜，可以让观众迅速穿越回3000年前古蜀金沙时期，感受祭祀区的形成与演变过程。而在此前，古蜀文明也多次以图片、AR、VR、网上虚拟展厅等多媒体方式为载体，出展奥地利、墨西哥、澳大利亚等多个国家和地区，向世界展示金沙文化。

外国观众体验金沙“智盒”数字化互动

三、数字化服务

2019年，持续通过网站、微信公众号等渠道向观众提供全方位线上服务，网站包含大众版、英文版、学术版和青少年版，针对不同受众群体发布各类资讯、信息、多媒体内容等数字资源；微信则提供会员、志愿者、活动预约、语音导览、线上购票等多种服务，全年网站浏览达40.5万次，语音导览系统访问量达38万人次。

同时，积极与各互联网平台、新媒体机构合作，不断创新公众服务的方式和内容。2019年，与百度合作，推出AI博物馆观展互动体验项目，观众通过下载百度App，搜索“成都金沙遗址博物馆”，点击“百度博识君”，即可通过摄像头对准博物馆藏品，识别文物，获取文物信息，同时通过“任意门”还能穿越到三千年前古蜀祭祀的场景中。2月9日，联合百度进行了“玛雅的世界：洛杉矶郡艺术博物馆藏古代玛雅艺术品特展”线下互动活动，参与人数约9000余人次，借助百度平台推广金沙文化。

与百度合作“2019博物馆奇遇记”

与百度平台的相关合作——“任意门”与“馆长亲答”直播

文化创意活动及产业

CULTURAL
CREATIVE
ACTIVITIES AND
INDUSTRIES

综述

成都金沙遗址博物馆在文化产业发展过程中，不断深入挖掘古蜀金沙文化内涵，将其进行合理转化，以现代手法、当代语言来阐释和解读金沙文化，满足游客的精神文化消费需求，始终将社会效益放在第一位，坚持社会效益和经济效益相统一。

一、文化创意活动

● 成都金沙太阳节

“2019成都金沙太阳节”于2月3日至2月20日在成都金沙遗址博物馆举办，本次活动以“古蜀文明与玛雅文明的对话”为主题，通过玛雅文化精品文物展、图片展、主题灯展、特色花艺展、非遗文化风情演艺、社教活动、文创展销等丰富多彩的内容组合，将各种艺术表现形式有机串联，把世界文明与中国传统春节的喜庆祥和气氛相融合，为广大市民带来了新春文化的新体验和新观感。

本届太阳节共推出“玛雅的世界：美国洛杉矶郡艺术博物馆藏古代玛雅艺术品”特展1个；“牵手：古蜀与玛雅的对话”“发现玛雅”图片展2个；“2019成都金沙太阳节主题灯艺展”1个；花艺展1个。举办演艺活动共317场。

提供讲解服务1038场，语音导览服务达40679次。累计为游客提供志愿者服务14000余次，讲解74场，文明劝导5700余次，拍摄宣传照片8061张。并推出包括展览导览、灯组欣赏、拍照互动、贺卡定制、资讯发布、问卷调查、评论互动、文创购买等多个板块的微信端小程序，与官网太阳节专题页面发布相结合，使游客获取信息更方便、更及时。广泛采用“新媒体与传统媒体相结合”“境外媒体与境内媒体相同步”“官方推送与互动参与相协调”等方式，媒体报道共计1800余篇，新媒体报道600余篇，微博话题“金沙太阳节”和“玛雅在金沙”阅读量均超过733万，网络直播3次，总观看量高达312.3万人次。

“2019成都金沙太阳节”期间，每天超过200名安保人员执勤，共出动安全保卫力量6980人次，借助人脸识别系统及特警、公安和消防在博物馆的定点值守，未发生一起治安案件和安全、消防责任事故，确保了游客和文物的安全。活动期间，共接待中外游客51.2万余人次，门票收入 868.6万元，极大地促进了博物馆文化事业的良好发展，也为繁荣和发展传统文化，增加春节文化产品供给，丰富市民群众的精神文化生活做出了积极的努力。

● “鹿鸣之会·诗意金沙”文化交流沙龙

5月17日，由成都金沙遗址博物馆主办的“鹿鸣之会·诗意金沙”文化交流沙龙在遗迹馆外举办，邀请到德国、英国文化名流组成的“中国考古之旅”全体成员，著名考古学家王仁湘、唐际根，成都市文联主席梁平，本地诗人何春、向以鲜等与本地其他专家学者约40余人共同参与。本次活动围绕2019年“5·18”国际博物馆日“作为文化中枢的博物馆：传统的未来”的主题，以诗歌的形式进行文化对话和交流，展现了不同语言、文化背景下对人类“文明共同体”的思索和互鉴。活动分为“考古学家”“时空旅程”和“金沙情”三个章节，由专家学者朗诵为金沙或考古所写的诗作，并即兴漫谈对中国考古和历史的感受，分享考古的诗意。本次活动与中国移动等机构合作，首次将5G传输、4K高清画面和VR技术相结合，远程体验“博物馆之夜”的诗歌与情怀，2小时全网观看量计110.3万。

“鹿鸣之会 · 诗意金沙”活动现场

2019金沙之夜 · 当代艺术演出季

8月2日至9月22日，由四川现代舞蹈团与成都金沙遗址博物馆联合打造的文艺大餐“2019金沙之夜 · 当代艺术演出季”在成都金沙遗址博物馆展演，该活动以现代舞的表达形式探索当代艺术与历史空间的双向互动。在第二届四川艺术节的背景下，成都金沙遗址博物馆与四川省歌舞剧院通力合作，将博物馆活动与艺术节嫁接，打造包括现代舞公益工作坊、现当代艺术研究讲座、现代舞剧《根》展演、特邀艺术家环境舞展示等四大活动板块。在两个月的时间中，共计开展了9场活动，宣传受众约73万人，现场参与人数约1300人。整个系列活动以资源置换的方式开展，为博物馆吸纳了大量年轻的艺术类受众，也间接拓展了博物馆园区公共空间的艺术功能，让博物馆真正成为与市民良性互动的公共文化空间。

现代舞剧《根》展演

现当代艺术研究讲座

二、文创产业

● 文创开发

2019年度，积极研发饱含文化性、创意性和实用性的新品共计1145款，同比增长28%，数量赶超往年，质量明显提高，其中以金沙遗址出土“商周大金面具”“太阳神鸟”金饰和铜虎等文化元素为创意源泉设计制作的“双耳面具杯”“神鸟玉琮杯”等成为网红爆款产品；全年文创产品销售达13万件，同比增长116%；销售额920万元，同比增长86%。

玉琮水晶项链

太阳神鸟水晶耳环

太阳神鸟水晶项链

开发200余款文创产品，线上线下同步销售，其中“南红玉系列”“呜噜噜——青铜立人衍生形象”等产品深受消费者喜爱。2月8日（大年初一）实现单日文创收入破10万元，“成都金沙太阳节”活动期间，文创总收入达90余万元，同比增长31.18%。

与四川大学、西华大学、四川音乐学院等高校，以及香港设计商会、四川质量发展研究院等研究机构在文创商品设计理念、文创商品设计开发、VI设计、再创IP设计推广等诸多内容展开深度合作。

“太阳神鸟”月饼组图

双耳面具杯

“太阳神鸟”月饼

双耳面具杯之琥珀金尊

双耳面具杯之幻彩行者

双耳面具杯之黄金神祇与金面国王

2019年度，开通“金沙文创服务”微信订阅号、“金沙遗址博物馆文创服务”微博号、“金沙文创服务”今日头条号等网络宣传平台，实现了金沙文创宣传从无到有、零的突破，粉丝超过了1100人，发布文章和信息超过300篇（条），阅读量超过27万人次。

增加与金沙遗址博物馆官方微信、微博等新媒体的互动，金沙文创累计阅读量超过500万，先后与中央电视台、《中国文物报》《成都商报》等媒体合作，宣传推广金沙文创。

非遗授权展创意设计周

文创交流与展示

积极参加国际国内知名文博文创展16个，其中包括“香港国际授权展”等境外展览4个，“第三届中国西部国际博览会进出口展”等国际性展览6个。

文创展示区

新增成都宽窄巷子特许经销店，在成都新华文轩九方店以展览方式展示金沙文化和销售金沙文创，在京东商城开通金沙遗址博物馆旗舰店，提升金沙遗址博物馆文创淘宝店铺的形象和影响力。

● 知识产权保护

完成商标转让205件，续展、宽展办理35件，新申请商标9件。对优秀的文创产品设计进行版权登记保护，现登记超过100件。

通过直接授权和委托授权等方式对知识产权和馆藏文物进行授权，授权范围有日常生活、珠宝首饰、动漫游戏、食品饮料等，授权给网易游戏、天府一卡通、四川远岱、有缘酒等品牌（公司），具体项目包括联名上线网游“倩女幽魂——金沙镜”、联名发售金沙限定版一卡通、联合开发金沙贵金属文创产品、联名发售金沙酒等项目。

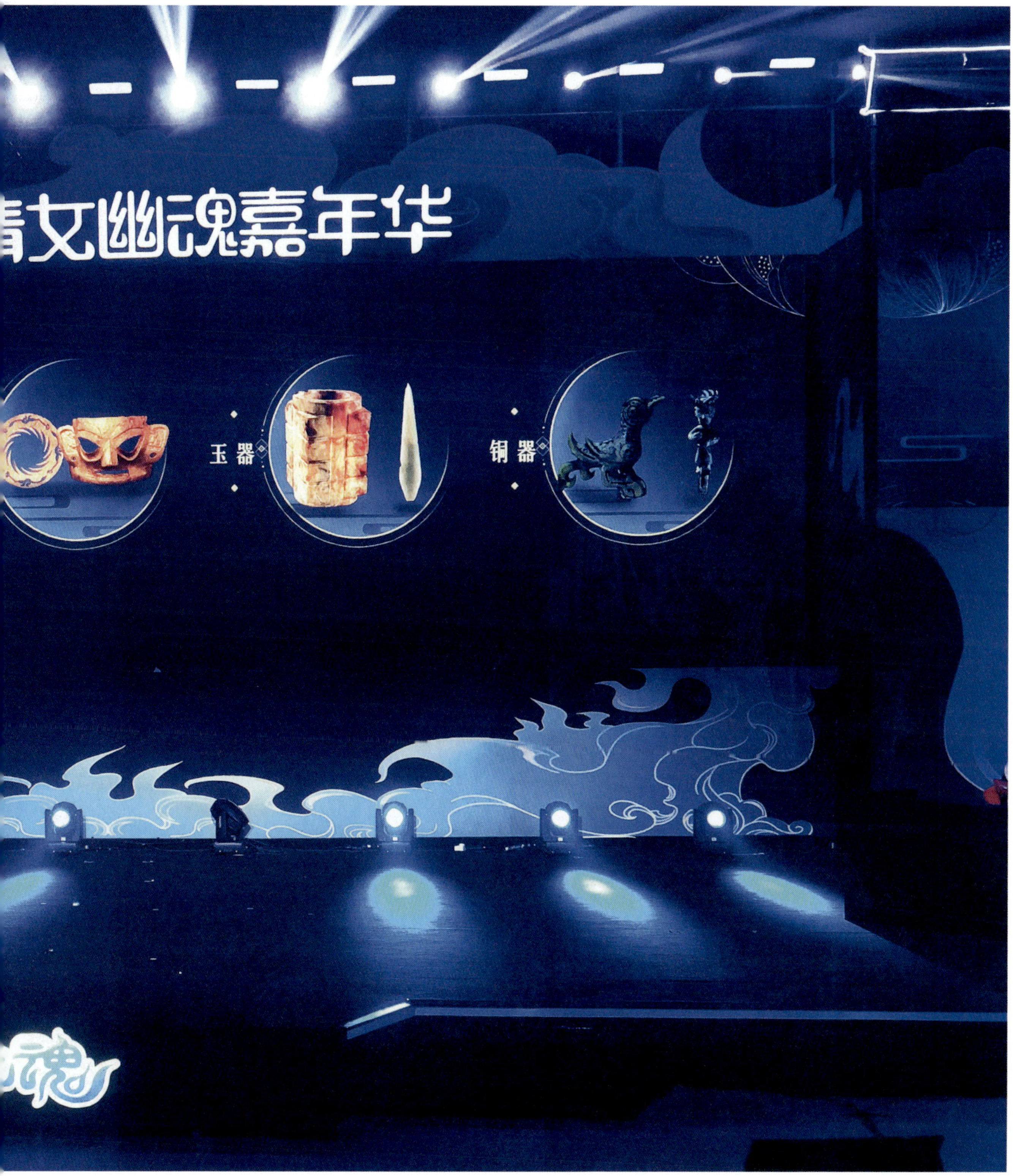

网易游戏——“倩女幽魂”授权仪式

公众服务

PUBLIC SERVICE

综述

博物馆作为人类记忆的收藏之所和传统文化的展现之地，是现代人汲取知识养分、增强文化自信、传承历史文化的精神家园。为了拉近博物馆与公众的距离，传播古蜀文明，成都金沙遗址博物馆开展了丰富多彩的文化惠民活动，不断提高服务水平。

一、票务管理及营销

2019年，共接待游客173万人次，较2018年同期上涨8.24%；门票总收入3894.4万元，较2018年上涨10.24 %，其中网络购票和办卡的收入涨幅较大，分别上涨68.75%和183.5%。

● 票务管理

继续保持在OTA平台进行票务营销，成都包括美团、大众点评、携程、驴妈妈等。2019年又新增了航空渠道，游客可以在川航App上购买金沙遗址博物馆的全价票和半价票。

2019年，完成年卡和“合家欢亲情卡”系统的优化升级并全面推行，游客本人持身份证到博物馆各售票窗口可办理年卡和“合家欢亲情卡”，办卡成功后，游客可持身份证到金沙遗址博物馆东、南、北门检票口，刷身份证直接入馆参观。

● 惠民政策

对持有效证件6周岁（不含6周岁）至18周岁（含18周岁）的未成年人、全日制大学本科及以下学历学生个人参观实行门票半价优惠，团队预约参观实习免票；对6周岁及以下（含6周岁）或身高1.3米以下（含1.3米）的儿童实行免费，需由监护人凭票带领入馆（监护人不享受免费），持有效证件的离休人员、现役军人、残疾人（含残疾军人）、公安干警、革命烈属、特级教师（校长）荣誉证、持成都市老年优待证的老年人、60岁以上的老年人实行免票。为保障传统文化惠及于民，成都金沙遗址博物馆继续执行“5・18国际博物馆日”和“中国文化遗产日”观众免费参观博物馆的政策，以及在“成都金沙太阳节”期间40元入馆的优惠政策。2019年，共计接待免票游客102万人次，占总游客数59%，比2018年同期上涨8.24%。

二、讲解接待

2019年，持续加强讲解员队伍建设和管理，在强化讲解业务培训、完善讲解服务体系、提升公众服务能力等方面有序开展和推进相关工作。

坚持例会制度，适时做好各项工作的总结与下一步安排；严格执行各项规章制度，坚持以制度管人、以理服人、以诚待人，通过与讲解员谈心谈话，搜集意见，尽可能帮助大家解决工作中和生活上遇到的问题。

讲解员管理会议

2019年，累计完成政务、旅游团队、学生团体以及涉外接待等各类讲解接待任务总计1.6万余批次，同比增长9.74%；受众群体逾24万人次，同比增长20%；全年讲解收入200余万元，同比增长28.17%。除人工讲解服务外，成都金沙遗址博物馆优秀讲解员录制的多版本免费微信语音讲解更是深受观众喜爱，累计播放量已超过57万次。

2019年，成都金沙遗址博物馆组织讲解员完成“玛雅的世界：洛杉矶郡艺术博物馆藏古代玛雅艺术品特展”“太平有象——明清牙雕展艺术展”“发现 · 中山国”的中英文讲解词撰写、微信导览录制及日常讲解工作。在各大节假日，安

讲解员在临展厅为观众提供免费公益讲解

排专职讲解员在临展厅为观众提供免费公益讲解，累计提供公益讲解场次300余场，讲解工作受到各级领导和观众的普遍好评。

选派讲解员参加“玛雅的世界：洛杉矶郡艺术博物馆藏古代玛雅艺术品特展”“太平有象——明清牙雕展艺术展”等展览的直播、开幕式主持、礼仪工作，参与“2019年成都金沙太阳节”的筹备与执行、“第十八届世界警察和消防员运动会”宣传片拍摄、中央电视台综合频道“《开讲啦》+四川”节目录制、“第七届成都国际非物质文化遗产节”筹备等馆内外文化活动共计42人次。

选派讲解员参加各项外派活动

三、社会教育

作为“国家一级博物馆”“全国中小学生研学实践教育基地”以及四川省和成都市爱国主义教育基地，成都金沙遗址博物馆通过优化社教课程、建立研学基地、馆校合作、树立品牌等模式，为广大青少年儿童提供优质的教育服务。2019年，累计开展社教课程及研学实践活动169

场，创编学习资料4类，定制教具85件，现场活动参与16142人次，呈现出极富金沙文化内涵的“六大特色”。

特色课程

2019年，成都金沙遗址博物馆特色体验课程以金沙文化为主题，以金沙青少年教育体验区为依托，依区而制、依人而育，通过课程优化、创新教学、建立体系的方式，开设了文化手工体验（制作金面具风铃、金沙宝盒、大象黏土门牌等）、部落生活体验（古蜀制陶——泥条盘筑制陶体验、陶里陶器系列课程）、模拟考古体验等系列课程。2019年，金沙特色体验课程累计开展39场，参与人数达780人，初步实现启发式教学。

青少年教育体验区里的手工体验

特展配套教育活动

2019年，策划开展了“玛雅来了”“拥抱你大象”“梦回中山国”“读城——双城记”系列特展教育活动，拉近了观众与展览的距离，增强了展览的延伸性、趣味性、互动性。2019年特展社教活动全年累计开展38场，参与人数达880人。

2018年12月18日至2019年3月17日，配合“玛雅的世界·洛杉矶郡艺术博物馆藏古代玛雅艺术品”特展，开展“玛雅来了”系列教育活动，活动以玛雅文化为核心，通过小金课堂、手工课程、戏剧教育的方式讲述玛雅人的衣、食、住、行。此系列活动共开展18场，参与人数320人。

“玛雅来了”系列社教活动

2019年4月15日至6月23日，配合“太平有象——明清牙雕艺术展”，开展“拥抱你·大象”系列教育活动，活动始终以牙雕艺术为核心，社教团队通过开展讲座、手工活动向公众传递牙雕艺术之美，此系列活动共开展7场，参与人数335人。

“拥抱你·大象”系列社教活动

2019年7月24日至10月26日，配合“发现·中山国”展览，开展“梦回中山国”系列社教活动，活动以中山国文化为核心，以中山国历史文化、中山国人的衣食住行作为活动主线，精心策划开展了趣味十足的手工活动，让公众充分了解“战国第八雄”的中山国。此系列活动共开展9场，参与人数165人。

“梦回中山国”系列社教活动

2019年9月29日至11月24日，配合“读城——首都与成都”图片展，开展“双城记——首都与成都”系列社教活动，活动始终以北京与成都两座城市历史为核心，以北京与成都两座城市历史文化为活动背景，通过开展讲座类、益智手工类等活动向公众传递历史文化。此系列活动共开展4场，参与人数60人。

“双城记——首都与成都”系列社教活动

"故宫喜乐会"系列社教活动

2019年12月26日至2020年6月14日，配合"金玉琅琅——清代宫廷仪典与生活"特展，策划设计"故宫喜乐会"系列社教活动，引进"朝珠DIY""新年书福"等经典故宫社教活动。

小小讲解员活动

暑期小小讲解员岗前培训

2019年6月至8月，举行了近2个月的"金沙暑期小小讲解员"的活动。本次活动共吸引320余名7至12岁青少年报名参与，以"发现·中山国"特展为讲解主题，经过面试视频筛选以及讲解培训、考核，最终50名青少年脱颖而出，成为2019年金沙暑期小小讲解员。据统计，2019年暑期"小小讲解员"团队平均服务时长每天4小时，平均每人每天为游客义务讲解5场，通过近2个月的活动时间，为游客提供义务讲解服务总计约1500场，接待省内外游客6000余人。

2019年，金沙常规小小讲解员坚持利用周末及节假日期间，在常设展览中为广大游客提供义务讲解服务，全年累计服务3028次，服务总时长约3025小时。2019年3月，小小讲解员薛艺田、张蕴嘉在成都市委宣传部、市文明办、市教育局、团市委、市妇联、市关工委等单位开展的"新时代好少年"学习宣传活动中，因弘扬天府文化、热心公益，获得了"2019年成都市新时代好少年"荣誉称号。

常规小小讲解员工作照

2019年，利用青少年暑假策划开展“博物馆里的世界——河南”主题研学活动、“古蜀寻根”文化研学活动，并在周末带领小小讲解员亲子家庭前往成都蜀锦织绣博物馆、成都市博物馆参观学习。

小小讲解员研学活动

其他品牌教育活动

新春主题活动

春节期间，面向公众免费开展了7场新春主题活动，超过136名青少年参与其中，“新春福灯”“鼓鼓声响”“福娃迎新春”等活动紧紧围绕中国年俗和金沙文化，让参与者在博物馆体验新春喜乐，获取历史知识。

世界阅读日主题活动——环球绘本之旅

为迎接“4·23”世界阅读日，拓宽青少年儿童眼界，2019年4月7日，联合四川少年儿童出版社、悠贝亲子图书馆在金沙剧场举办环球绘本之旅（成都）启动仪式，通过读书和旅行的方式，结合金沙文化的内涵，吸引超过200余名亲子家庭参与其中，使青少年儿童真正达到“读一书，增一智”的效果。

新春主题活动

环球绘本之旅（成都）启动仪式

“六 · 一”主题活动——小金陪你看《金乌》

2019年6月1日，30名青少年儿童来到成都金沙遗址博物馆观看《金乌》绘本剧表演。绘本故事《金乌》立足古蜀文化的独特魅力，为孩子们讲述了一个关于友情、责任与成长的故事。故事中善良勇敢的小英雄阿布，不惧艰险去寻找金乌，和伙伴团结一心打败巨蛇，让阳光重回大地。活动通过讲故事的方式，使广大青少年达到学知识、明道理的目的。

《金乌》绘本剧表演

端午节主题活动——蜀水绕金沙 · 编程度端午

2019年6月9日，与成都奇乐编程学院携手合作，带领20名青少年以历史文化传承为主线，馆内藏品为主题，进行编程教学活动，让孩子们在制作生动、有趣的电脑程序的过程中，学习馆藏文物，丰富文化知识，传承古蜀文明。

端午奇乐少儿编程活动

国庆节主题活动

2019年国庆节，策划开展“我为金沙添色彩”“大象来了”“我的金沙小鹿”等6场国庆主题手工活动，活动期间共吸引195名青少年参与手工活动，开展“花重锦绣绿山河国庆70周年亲子阅读”公益讲座1场，100名观众参与其中。

国庆节主题活动

四、馆校合作

- 金沙文化双进活动

2019年，金沙文化双进活动于3月至6月、9月至12月面向成都市中小学校开展，活动坚持

金沙文化双进活动

“走出去”“请进来”的策略，由社教工作人员带着金沙文化课程走进各个学校，以及由学校组织学生走进博物馆开展的研学活动。此项活动范围覆盖成都市各大城区，累计开展55场，4876名中小学生参与其中，共计19批学生团队走进成都金沙遗址博物馆参观学习。

金沙文化双进活动

定制教育项目

与成都市金沙小学合作。金沙小学是青羊区教育局主管下的公立学校，与成都金沙遗址博物馆比邻而居。为更好地促进文化交流，开发馆校合作新模式，金沙遗址博物馆与金沙小学创造出独具儿童特色的金沙音乐剧、金沙微课等，助力素质教育发展。

“幸福密码”音乐剧

“幸福密码”音乐剧

儿童版金沙音乐剧：由成都金沙遗址博物馆和金沙小学共同打造的“幸福密码”音乐剧，讲述了几名到博物馆参观的小朋友穿越到古蜀王国，在古蜀勇士的帮助下守护太阳神鸟、打败邪恶巫师重返现代，立志用自己的新发明帮助人们和谐相处的故事。该剧已于2019年5月18日国际博物馆日在金沙剧场公演，好评如潮。

“幸福密码”音乐剧

金沙微课视频截图

金沙微课：从语文、数学、英语、美术、自然等小学生课程的多样性出发，紧密结合金沙文化，研发出一套金沙系列课程，增强了历史文化的趣味性、生动性。邀请专业团队将课程拍摄剪辑成金沙微课视频，分别置于成都金沙遗址博物馆与金沙小学的官网，让更多的孩子通过在线学习了解金沙文化。

金沙迷你博物馆：2019年，成都金沙遗址博物馆与成都市金沙小学深度合作，推出“金沙文化进校园——金沙迷你博物馆”综合教育项目，在校园内建成以金沙文化为主题的“迷你博物馆”，并结合展览主题，为同学们量身打造“我爱金沙”精品课程，包括模拟考古、“小金历险记”剧情游戏体验、“金沙印记”拓片体验、“望帝化鹃”情景剧等内容，拓展了博物馆教育“走出去”的空间边界和实践深度。

“金沙文化进校园——金沙迷你博物馆”展厅实景

“金沙文化进校园——金沙迷你博物馆”展厅实景

与成都市特殊教育学校合作。2019年，成都金沙遗址博物馆继续与成都市特殊教育学校合作开展“走进金沙”系列活动。考虑其身体障碍特征，博物馆针对盲生部及聋生部4至6年级共80名学生量身打造“走进金沙”精品课程6堂，利用丰富的教具、生动的教学方式，向特殊群体传递金沙文化。

走进成都市特殊教育学校

与成都墨池书院小学合作。为打造精品校本课程，充分发挥博物馆“第二课堂”的作用，成都金沙遗址博物馆与成都墨池书院小学开展深度合作，共同研发“金沙博悟”精品课程。该课程由成都金沙遗址博物馆社教团队老师负责提炼金沙文化特色，并将其融入“金沙博悟”教学课程，以博物馆和学校为课程教学地点，通过实地参观的方式，达到了解金沙文化的目的。2019年，针对墨池书院小学的孩子们设计了“小金带你去考古”“象牙密码”“小金奇‘玉’记”等10堂精品课程，累计80名学生参与其中。

“金沙博悟”精品课程开学典礼

共建实践教学基地

为拓展和深化成都金沙遗址博物馆与四川大学历史文化学院在课题研究、学术交流、展览策划、社会教育活动开展等方面的合作，双方共建实践教学基地。2019年，共接收6名四川大学历史文化学院文物与博物馆学学生到馆实习，实习岗位涉及陈列展览、藏品保管、宣传推广、社会教育、文创开发等多个博物馆专业领域。学生实习期间，多次组织开展学生实习交流会，由馆内各业务部门骨干向参会人员交流业务知识，取得良好的交流效果。

“2019年秋季实习启动会暨实践教学基地挂牌仪式”现场

五、志愿服务

2019年，成都金沙遗址博物馆本着求真务实、认真负责的精神，积极开展志愿服务工作，不断丰富志愿服务形式，优化志愿服务质量，完成馆内外各项志愿服务活动。

志愿者招募与服务

2019年，新招募志愿者10名，为志愿者团队补充了新鲜血液。全年志愿者服务时长超过6260小时，人均服务时长116小时。志愿者团队坚持各职能小组协调发展、齐头并进，除常设展的义务讲解外，讲解组志愿者完成了“玛雅的世界·洛杉矶郡艺术博物馆藏古代玛雅艺术品”“发现·中山国”两个特展的义务讲解工作和外部宣讲工作；翻译组协助完成“玛雅的世界·洛杉矶郡艺术博物馆藏古代玛雅艺术品”“发展·中山国”特展图版等翻译工作，并提供英文讲解超过15人次；视觉组协助完成“2019年成都金沙太阳节”、常设展、特别展览、活动宣传的拍摄工作，截至2019年11月，共拍摄素材26102张，出片4734张，视频素材287条，共27G；服务组在日常服务之余，加强馆内巡视及文明劝导，协助馆方社教活动70余场，并配合博物馆完成全馆问卷调查；外宣组在相关责任部门的指导下，策划实施了“叫醒小耳朵·拥抱春天”“浓情端午”“喜迎新中国成立70周年”等系列公益活动，并管理“成都金沙遗址博物馆志愿者团队”微博账号，发布原创微博355条，积极宣传金沙文化。

志愿者面试及服务工作照

"点点金沙"志愿服务公益品牌活动

金沙志愿者团队继续开展"点点金沙"志愿服务公益品牌活动，延续对弱势群体的帮扶，并服务日常来馆参观的普通游客。2019年，"点点金沙"志愿服务公益品牌活动开展9场，参与人次2200余人次。活动内容包含帮助听障儿童、自闭症儿童等特殊群体走进金沙；面向普通观众开展"浓情端午""喜迎新中国成立70周年"等系列节庆活动，丰富他们的参观体验。

"点点金沙"志愿服务公益品牌活动

“点点金沙”志愿服务公益品牌活动

开展了“走出去”的任务4场，参与230余人，“点点金沙”团队走进特殊、弱势群体，如走进国家级贫困示范县青川县乔庄镇小学进行授课，为儿童送去文化“大餐”；走进青川县乔庄镇城郊社区为当地居民讲述金沙文化；走进成都市青羊区特殊教育学校和成都市特殊教育学校，针对智障儿童、自闭症儿童、听障儿童和视力障碍儿童进行艺术治疗和金沙文化讲座的辅助教学，让特殊群体儿童能够接受艺术知识和金沙文化的熏陶，丰富他们的精神生活。

文化扶贫志愿活动

“点亮社区”志愿者公益品牌活动

2019年，金沙志愿者团队经过充分调研，创新打造“点亮社区”志愿者公益品牌活动。活动采取志愿服务小分队的形式，从“坐等上门”到“主动出击”，走进社区开展文化志愿宣讲宣教服务，让“流动的博物馆”走进社区，来到市民身边。活动中，志愿者们结合金沙文化，设计出文化讲座、亲子游戏、互动答疑、手工体验等形式多样、内容丰富的活动内容，利用

文物教具向社区的居民讲述文物故事，让灿烂的古蜀文化更深入、更生动地走进社区，让文物“活”起来。2019年，“点亮社区”志愿者公益品牌活动已开展14场，覆盖社区700多个家庭，参与人数1500余人。此项活动已被评为“成都市优秀文化志愿服务项目”。

“点亮社区”志愿者公益品牌活动

基层党建

PARTY BUILDING AT GRASSROOTS LEVEL

综述

2019年，在四川省文化和旅游厅党组和成都市文化广电旅游局党组的正确领导下，成都金沙遗址博物馆以党的政治建设为统领，以坚定思想信念宗旨为根基，以“不忘初心、牢记使命”主题教育为抓手，坚持以人民为中心的工作导向，坚持弘扬优秀传统文化，积极发挥爱国主义教育精神，不断激发广大党员、团员、职工的积极性、主动性和创造性，为推动四川文博事业高质量发展贡献力量。

一、党组织建设

中共成都金沙遗址博物馆总支部委员会成立于2017年10月，现有基层党组织3个（党总支1个、党支部2个），党员36名，入党积极分子5名。其中，男性党员12名，女性党员24名；在职党员35名，退休党员1名；40岁以上党员7名，占19.4%，40岁以下党员29名，占80.6%；具有硕士研究生学历党员16名，占44.4%，具有本科学历党员15名，占41.7%，具有大专学历党员5名，占13.9%。2019年，办理党员转入、转出手续9人次，完成4名预备党员转正工作。

在上级党组织的带领下，金沙党总支努力把创建“先进基层党组织”作为工作目标，不忘初心，牢记使命，全面推进党的政治建设、思想建设、组织建设、作风建设和党风廉政建设等工作，贯彻落实意识形态工作责任制和管党治党责任，增强“四个意识”，坚定“四个自信”，做到“两个维护”，推动全面从严治党向纵深发展。

把党建工作融入博物馆重点工作。积极组织馆领导班子成员、中层干部以及党员学习习近平新时代中国特色社会主义思想和重要论述，及时掌握省委、市委重要战略部署，结合新时代习近平总书记对中华优秀传统文化和中华文明交流互鉴的新要求，做好博物馆的运营与管理、文化遗产的保护与利用、金沙文化的宣传推广、公共文化服务与交流等工作。在每月的固定党日活动中，严格按照《中国共产党支部工作条例（试行）》，落实党支部“三会一课”制度，进一步增强党员干部职工的思想信念和党性观念。此外，积极引导党员通过“学习强国”“蓉

开展“不忘初心、牢记使命”主题教育活动

城先锋”等学习平台加强自学，为构建一支政治素养过硬、业务能力够强、有担当、有作为的文博队伍奠定坚实基础。

积极探索阵地联建工作。为加强党组织的阵地建设、组织建设、制度建设，共同提升党组织的凝聚力和战斗力，金沙党总支于2019年“七一”建党之际与中共中国农业银行成都青羊支行党委创新开展党组织联学联建。双方本着“资源整合、优势互补、互带互学、共同提高”的原则，共同探索行之有效的联动合作机制，取长补短、相互促进。

与中共中国农业银行成都青羊支行党委开展党组织联学联建

利用智慧博物馆建设成果开展工作。借助互联网开启“三会一课”新模式，利用博物馆综合信息管理门户系统、钉钉、微信企业直播等线上平台，定期召开党组织线上会议。通过金沙遗址博物馆门户系统发布党建活动及学习通知，并通过平台及时发布线上学习情况，促进党员们向先进看齐，不断积极进取。借助数字资源管理系统上传党建相关学习资料，实时共享。通过官方网站专题页面，及时发布党建相关资讯。

二、团组织建设

2019年，在成都金沙遗址博物馆党总支和上级团组织的领导下，金沙遗址博物馆团支部始终坚持发挥团的政治优势，组织引导广大团员青年继续深入学习贯彻习近平新时代中国特色社会主义思想和党的十九大精神，深入学习贯彻习近平总书记系列重要讲话精神和团十八大精神，落实团中央《关于加强新时代团的基层建设着力提升团的组织力的意见》相关要求，夯实基层组织建设，着力保持和增强共青团建设的政治性、先进性和群众性。组织团员开展参观爱国主义教育基地、诵读经典等主题新颖、形式多样的活动，努力将理论性、思想性、知识性、生动性融于一体，切实增强思想教育的吸引力和感染力；通过开展业务技能培训、经验交流等活动，营造崇尚先进、学习先进、争做先进的良好氛围，引导团员青年树立正确的人生观和价值观，推动博物馆业务工作水平提升。

组织团员赴广汉三星堆博物馆参观交流

组织开展诵读经典活动

组织开展业务技能培训

三、工会建设

工会是党联系职工群众的桥梁和纽带，成都金沙遗址博物馆工会委员会系2017年新成立工会，自成立以来，高举中国特色社会主义伟大旗帜，坚持以邓小平理论、“三个代表”重要思想、科学发展观、习近平新时代中国特色社会主义思想为指导，贯彻落实习近平总书记系列重要讲话精神，坚持走中国特色社会主义工会发展道路，建立健全工会组织，完善管理运营体系，积极履行工会职责，抓好工会干部思想建设的同时，积极发挥工会的桥梁纽带作用，了解职工的思想动态，倾听职工的呼声，解决职工的难题，鼓励他们立足岗位，为单位发展多做贡献。

切实维护职工的切身利益，按规定比例及时缴纳工会会费，积极参加系统工会举办的各项活动和培训，参加上级工会举办的会议和培训，不断提升工会干部的素质和能力。慰问生病、生育职工，帮扶职工遗属，组织开展“扶贫日”一日捐等公益慈善活动。利用周一闭馆日开展形式多样、内容丰富的各种文体活动，如2019年3月11日，馆工会组织举办了一场集趣味与竞技于一体的职工运动会，吸引100多名职工积极参与，在丰富职工精神文化生活的同时，增强了团队凝聚力。

组织开展职工运动会

2019
遗址博物馆首届运动会
金沙欢乐跑·金沙拔河赛

博物馆建设

MUSEUM CONSTRUCTION

综述

成都金沙遗址博物馆按照“十三五”发展规划和年度总体工作部署，在日常工作中始终贯彻落实四川省文物局和成都市文化广电旅游局等上级主管部门下发的文件精神，坚持博物馆发展与建设的高质量、高标准和严要求，不断优化工作作风，稳步推进博物馆安全保卫、工程管理、规章制度等基础建设工作。

一、制度建设

自开馆以来，成都金沙遗址博物馆严格按照国家相关规定，规范制度建设，从会议决策、合同管理、资产管理等方面加强日常管理，建立健全服务制度。2019年，为进一步打造规范化服务体系，完善金沙遗址博物馆相关管理工作，在会议决策方面，新增《馆务会议事规则》，推进了博物馆馆务会议议事决策规范化、制度化、科学化，进一步提高博物馆决策水平和工作效率；在保密工作方面，新增《保密工作暂行办法》，建立健全博物馆保密管理制度；在公务交通管理工作方面，新增《公务用车管理暂行办法》，切实加强了作风建设和党风廉政建设；在合同管理工作方面，新增《合同管理暂行办法》，建立健全博物馆合同管理制度；在实物资产管理方面，新增《实物资产管理暂行办法》，推动了实物资产的优化配置，保证了实物资产的安全完整，提高了实物资产的使用效益，新增《无形资产保护使用管理办法（试行）》，加强了无形资产的管理和保护；在学术出版规范方面，新增《成都金沙遗址博物馆拟出版书籍申请及审批工作流程》；在信息化管理方面，新增《成都金沙遗址博物馆综合信息管理与日常维护制度》；在文创产品开发及产业发展方面，制定《博物馆文创合作单位及文创产品进入和退出制度（试行）》《成都金沙遗址博物馆关于授权产品合作的暂行管理办法（试行）》《成都金沙无形资产管理办法（试行）》《促销员管理流程（试行）》《金沙文创防伪标使用管理办法（试行）》等，积极筹划《成都金沙遗址博物馆文创产业发展规划（试行）》《成都金沙东君文化传播有限责任公司内控制度建设（试行）》《成都金沙遗址博物馆授权手册》等制度。

二、行政管理

成都金沙遗址博物馆职能职责是负责博物馆发展规划的具体实施工作，承担金沙遗址文物及藏品的研究、保护、修缮、展示工作以及与国内外文博科研单位开展交流与合作。按照《成都市文化广电新闻出版局关于成都金沙遗址博物馆岗位设置实施方案的批复》（成文广新函〔2017〕347号），同意单位内设机构设置，由办公室、财务部、人力资源部、保卫部、陈列保管部、遗产保护与研究部、宣传推广部、文创与营销部、公众服务与社会教育部、工程及设备管理部、文物保护与修复中心、科技与信息中心、文化艺术中心共13个机构组成，保证了各项运营管理工作的有序开展。同时，积极推进以理事会为主要形式的法人治理结构改革工作、国家一级博物馆和国家考古遗址公园运行评估工作，并严格贯彻落实“三重一大”等议事决策，2019年召开馆务会议22次，专题会议44次，促进博物馆规范化管理。

公务接待

严格按照《党政机关国内公务接待管理规定》和《成都金沙遗址博物馆公务接待管理办法》规范公务接待管理，厉行勤俭节约，反对铺张浪费，圆满完成多位党和国家领导人赴馆视察的接待任务。

资产管理

严格资产管理工作，及时建立健全资产管理制度，在管理和使用中坚持统一领导、分级管理、责任到人、物尽其用的原则，合理配备并节约、有效使用资产，从而提高资产使用效率，保障资产的完整性和安全性。

完善固定资产验收保管流程，统一由资产管理人员、采购人和使用人共同验收，明确各自责任，杜绝以次充好，严把质量关。

建立健全资产账簿体系，资产管理按照行政事业单位资产管理信息系统严格管理资产卡片，正确、全面、及时地记录资产的增加、减少、使用等情况，保护资产资料安全完整，真实地反映和监督资产的增减变动和实际情况。

公文管理

严格政务信息管理，及时审批、处理、报送各级各类上级机关交办工作事项、重点工作完成情况及馆发文件；及时做好纪要、工作总结、目标总结、信息简报等行政公文起草，公文收发、处理，各类文件、工作信息等编校，官方网站信息报送等工作。

档案管理

认真贯彻落实各类档案管理规范文件要求，严格档案管理，明确档案管理程序，完善使用登记制度，及时收集、整理、保护博物馆档案，并积极委托第三方专业档案整理公司对金沙遗址博物馆自2016年至2018年档案进行整理，提升档案管理的专业性和规范性。

三、平安建设

作为全国重点文保单位、国家一级博物馆、全市重点防火单位、国家一级防恐单位，成都金沙遗址博物馆始终把安全保卫、消防和社会治安综合治理工作放在首要位置，在成都市文化广电旅游局、成都市公安局、成都市消防支队和辖区综合治理委员会、派出所的指导监督下，在博物馆领导班子的直接领导和全体职工的支持配合下，杜绝了文物被盗和火灾等事故的发生，确保了单位内部的平安。

安防工作

坚持保卫部负责人、干事和安保人员共同参与的24小时轮流值班制度，严格值班纪律和交接班制度。强化治安管理措施，督促值班人员遵守工作纪律，确保值班人员24小时坚守岗位。坚持做好各项检查，细化检查内容，防火、防盗、防破坏，做好各项灾害事故应急预案。要求检查人员必须提高警惕、集中精力，防止不法分子盗窃破坏，确保馆内文物及财产安全。

与驻地辖区街道办事处签订《2019年度综治工作目标责任书》，与馆内各部门、公司继续签订《2019年度安全责任书》。完成节日和各类大型活动期间的安全保卫工作，完善、修订2019年度各项安全消防管理制度及预案。通过以上举措，保证了全馆综治安全工作任务明确、人员到位、责任落实。

针对重大活动的特点和重要性，在贯彻执行馆内原有制度和安全保卫预案的基础上，编制了《2019成都金沙太阳节安全保卫预案》《2019成都金沙太阳节表演区、小吃区安全消防预案》等针对性文件，确保了活动期间安全、消防工作顺利进行。

2月，“2019成都金沙太阳节”活动期间，配合公安、消防、安监部门在节前对全馆安全

消防知识培训

设施设备进行了检查。整个活动期间共出动安全保卫力量3500人次，对展馆、园区各重要部位进行值守、巡逻，并协助公安民警解决游客纠纷事件5起，帮助寻找走失人员共60多人次，确保了“2019成都金沙太阳节”的治安安全和社会稳定，避免了重大事故的发生，并圆满完成了“2019成都金沙太阳节”惠民活动的各项安保工作。

3月，配合完成文保中心一、二区，陈列馆文物标本库房的安防、消防工程建设。

4月，完成了外包保安公司的合同续签工作。进一步提升和优化了保安队员的整体素质与形象，完善保安队伍管理方式。

6月，按照成都市文化广电旅游局《关于印发〈2019年全市文化广电旅游行业“安全生产月”活动实施方案〉的通知》（成文广旅发〔2019〕137号）文件精神，结合工作实际，制定了金沙遗址博物馆开展“2019安全生产月活动实施方案”。

7月，完成馆内安防门禁系统的设备排查、数据合并与调试工作。

在节庆假期和大型活动举办之前，对馆内各厅、室及活动现场进行安全检查，确保节日及各类大型活动举办期间的安全保卫工作顺利进行。如2019年“5・18国际博物馆日”“6・8世界文化遗产日”之前，金沙遗址博物馆便制定了人员高峰疏散预案，组织全体保卫人员进行处置突发事件的演练，对馆内安防、消防设施设备进行全面检查，确保发生治安案件时能及时处置，确保一旦发生火险能进行灭火救援战斗。“5・18国际博物馆日”和“6・8世界文化遗产日”期间，共接待游客10余万人次，出动安保人员130名，采取分批次进入、单向循环、人员分流等措施，确保了活动当日的安全。

安保及消防演练

积极开展信访维稳工作，全力抓好馆内矛盾排查、信访化解等工作，定期、不定期摸排不稳定因素，构建了有效的突发事件处理机制。2019年，无一例上访和维稳突发事件。

定期对安防系统进行检查测试，并做好记录，发现故障立即解决，不能立即解决的，根据问题大小采取相应的应急措施，确保全馆安防设备的正常运行。

消防工作

2019年，对全馆消防系统包括2套消防报警主机系统、1740个独立式感烟火灾探测器、125套消火栓、1800个喷头及400具各类灭火器，进行了检修、维护和更新。保卫部干事、消防维保公司、电工定期对全馆的消防安全通道、安全出口标识、电器线路进行安全排查，对消防系统的水系统、灭火器、烟感、温感探测器、消防声光报警器、排烟风机、手动报警设备、喷淋水泵、消火栓水泵、消防水池、水箱进行检查测试，并做好检查记录，确保全馆消防设施稳定运行，符合消防安全要求。

疏散培训与演练

邀请消防特勤三中队官兵及专业消防知识培训机构专家对全馆职工及物业、安保工作人员进行“消防安全知识”主题讲座，组织消防灭火、疏散演练，做到消防工作重点以预防为主，防消结合。在馆内各消防设施设备处，明确标示安全管理人与责任人，展厅门口、办公区域制作应急疏散方案图，悬挂各类消防安全制度文本，提高全馆职工消防安全意识。

"成都金沙太阳节"节前安全检查

四、基础设施工程建设

2019年，成都金沙遗址博物馆积极推进各项工程设施基本建设，充分保障安全质量管理，严格把控工程质量，做到安全第一，质量为本。

● 临时展厅恒温恒湿系统

成都金沙遗址博物馆临时展厅位于博物馆陈列馆负一层，面积约620平方米，层高6米。恒温恒湿系统改造能够实现临时展厅温湿度精确控制，满足临时展厅不同展品在不同季节对不同环境温湿度的要求，确保对温湿度有较高要求的展品得到良好保护。同时，独立的恒温恒湿系

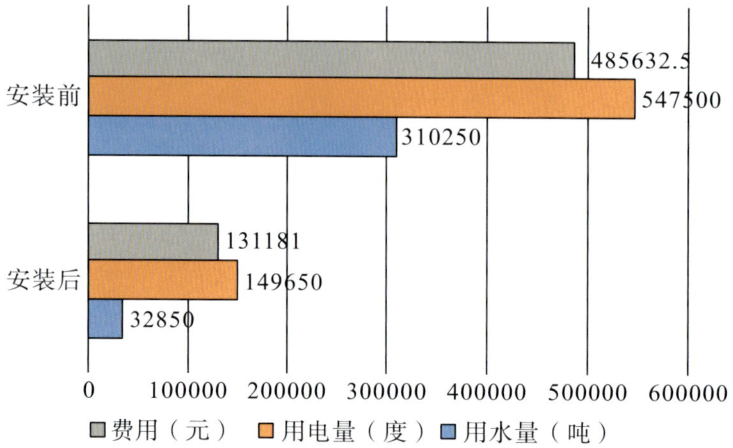

临时展厅空调年度资源消耗对比（计算值）

统可脱离陈列馆空调主机单独运行，从而减少能源消耗。新建成的恒温恒湿系统可实现24小时恒温（18℃-28℃区间）（±2℃）、恒湿（40%-60%区间）（±5%）。在年度资源消耗方面，预计年节约用水约28万吨，节约用电40万度，减少能源消耗费用35万元。

临时展厅恒温恒湿系统

● 高压增容工程

完成高压增容工程建设，新建箱式变压器基础一座，新增1250KVA箱式变压器一台，能够有效保障金沙遗址博物馆日常办公及“成都金沙太阳节”等大型公共文化活动的临时电力增加需求，消除临时增容的安全隐患及不稳定性，保障各类文化活动安全顺利举办，有效节约经费支出。

高压增容工程

● “厕所革命”

2019年，结合新形势新要求，完成了陈列馆一层、负一层两座厕所升级改造，进一步提升了成都金沙遗址博物馆厕所卫生设施品质。此次“厕所革命”通过完善相关制度，明确工作内

陈列馆一层、负一层两座厕所升级改造

草坪维护

容，不断优化和规范工作流程，不间断供给“两纸一液”，全面监督检查工作质量，提高了馆内公共厕所卫生标准。保洁人员每日对卫生间内的清洁工具进行清洗，对马桶坐垫、马桶盖、面盆、门把手等进行消毒，使用三种不同颜色抹布清洁面盆、地面、便池等不同设施，做好日常检查和消毒记录，对厕所管理员工定期开展“厕所革命”知识培训，确保了厕所客用设施的清洁和卫生。引导游客维护厕所设施，节约用水、用纸，利用园区特色宣传画，营造旅游厕所文化氛围，通过标准、规范的管理制度做好上墙公示，彰显“以人为本、以客为尊”的服务理念。

园林绿化

2019年，着力提升和完善园林绿化，如对园区具有安全隐患、杂乱的植物和白蚁进行清理和防治，梳理、裁剪、扶正存在安全隐患的树木200余

草坪维护

株，完善植物养护，完成节点花卉摆放15万余盆。为贯彻环保政策，合理利用绿化垃圾，购买树枝粉碎机，让废弃的绿化垃圾变废为宝。新建寻凉小径150余米，响应政府“花重锦官城”“增景透绿”建设思想，对园区绿化进行整体提升规划设计。

人才管理与培养

TALENT MANAGEMENT AND CULTIVATION

综述

成都金沙遗址博物馆核定事业编制55人，其中，馆长1人（正处级）、副馆长3人（副处级）。现有在编人员45人，管理岗位9人，工勤岗位1人，专业技术岗位38人（含3人双肩挑），其中，高级岗位2人，副高级岗位5人，中级岗位5人，初级岗位26人。在编人员绝大多数毕业于四川大学、北京大学、复旦大学、南开大学、中山大学、武汉大学等知名院校，其中海外人才引进2人。专业涉及历史学、考古学、博物馆学、世界史、文化遗产、美术史、艺术经济学、传播学、新闻学、法学等。良好的人才储备为博物馆各项业务工作的健康发展奠定了坚实基础。

一、人事管理

2019年，成都金沙遗址博物馆规范了人事档案管理系统，完成人事档案的重新编排、扫描、装订等工作，实现人事档案的电子化管理；做好考勤管理工作，及时录入新进员工考勤信息，按时导出每月考勤记录，统计请假、因公外出等情况，收存员工请假申请表和因公外出登记表等。

认真做好2019年度职称申报工作，核实相关内容的真实性，严密保管申报材料；顺利完成2018年度第四季度公招工作，公招博物馆研究岗位1人。完成2019年度公招工作，公招博物馆研究岗位1人，文物保护岗位1人，展览设计岗位1人，艺术策划岗位1人，计算机软件技术岗位1人，工程管理岗位1人，共计6人。此外，成都金沙遗址博物馆面向社会公开招聘讲解员，经培训，共有12名新讲解员上岗讲解。

二、业务培训

2019年度，成都金沙遗址博物馆积极派员参加各类专业技能培训，提高职工业务能力。培训课程涵盖社会教育、人事管理、党性教育、文创开发、遗产保护与管理、对外交流等方面，全年培训共计21批次。

2019年度职工培训统计表

序号	时间	地点	参会人员	会议名称	主办方
1	2019年3月17日至23日	浙江舟山	姚佳	成都市工会干部能力提升培训班	成都市总工会办公室
2	2019年5月6日至10日	北京	郭威、杨璐	全国青少年教育主题研修班	中国儿童中心
3	2019年5月12日至16日	北京	陈文	成都市文创产业领导干部专题培训	成都市文广旅局
4	2019年6月26日至28日	四川成都	姚佳	2019年成都市事业单位人事管理干部培训班	成都市人力资源和社会保障局
5	2019年7月20日	四川成都	全体职工	2019城市考古发掘技术和遗址保护技术培训班	成都金沙遗址博物馆

续表

序号	时间	地点	参会人员	会议名称	主办方
6	2019年7月25日	四川成都	全体职工	“不忘初心、牢记使命”：做好古蜀金沙文化遗产的传承与保护专题培训	成都金沙遗址博物馆
7	2019年8月2日	四川成都	全体职工	金沙遗址博物馆消防培训会	成都金沙遗址博物馆
8	2019年8月15日至19日	贵州遵义	姚佳、吴彬	“不忘初心、牢记使命”党性教育专题培训班	中共成都市文化广电旅游局机关委员会
9	2019年9月1日至6日	内蒙古呼伦贝尔	任华利	2019年全国博物馆展览策划与展陈提升培训班暨内蒙古草原文化遗产日主会场活动仪式	中国文物交流中心、内蒙古自治区文物局、呼伦贝尔市文化旅游广电局（文物局）
10	2019年9月16日至20日	北京	邱扬	2019全国博物馆创意设计与创新思维培训班	中国文物交流中心、北京市文物局、中央美术学院
11	2019年9月22日至28日	江苏苏州	田湘萍	中国世界文化遗产预备项目保护管理培训班	国家文物局、苏州市文物局
12	2019年10月14日至23日	陕西西安	明文秀	全国博物馆藏品管理培训	国家文物局
13	2019年11月10日至15日	四川成都	段董念	新形势下文物保护与旅游融合发展培训班	中国文物交流中心、中国文物报社、四川省文物局、成都市文物局
14	2019年11月22日	四川成都	明文秀	成都市馆藏一级文物藏品档案备案复核工作培训	成都市文物局
15	2019年12月9日至13日	四川成都	苗闻文	2019年成都市文物保护工程技术培训会	成都市文化广电旅游局
16	2019年12月11日至13日	四川成都	张腾	四川省文旅融合信息化建设专题培训	四川省文化和旅游厅
17	2019年12月16日至20日	河南平顶山	唐琦媛	全国博物馆研学旅行培训暨优秀课程与优秀线路交流会	中国博物馆协会市场推广与公共关系专业委员会、中国博物馆协会社会教育专业委员会、河南博物院、平顶山市文化广电和旅游局
18	2019年12月16日至20日	浙江宁波	楚春杨、张艳	2019年全国博物馆志愿者培训班	中国博物馆协会志愿者工作委员会

续表

序号	时间	地点	参会人员	会议名称	主办方
19	2019年12月19日至20日	四川成都	秦晴、龚佳欣	2019年成都市对外文化旅游与贸易工作培训会	成都市文化广电旅游局
20	2019年12月25日至26日	四川成都	方思佳	四川省智慧文旅建设工作推进会	四川省文化和旅游厅
21	2019年12月28日	四川成都	金沙小小讲解员	金沙遗址博物馆小小讲解员培训	成都金沙遗址博物馆

“成都市工会干部能力提升培训班”

“全国青少年教育主题研修班”

“成都市文创产业领导干部专题培训”

“2019年成都市事业单位人事管理干部培训班”

"2019年城市考古发掘技术和遗址保护技术培训班"

"'不忘初心、牢记使命'：做好古蜀金沙文化遗产的传承与保护专题培训"

"金沙遗址博物馆消防培训会"

"'不忘初心、牢记使命'党性教育专题培训班"

"2019年全国博物馆展览策划与展陈提升培训班暨内蒙古草原文化遗产日主会场活动仪式"

"2019全国博物馆创意设计与创新思维培训班"

“中国世界文化遗产预备项目保护管理培训班”

“全国博物馆藏品管理培训”

“新形势下文物保护与旅游融合发展培训班”

“成都市馆藏一级文物藏品档案备案复核工作培训”

“2019年成都市文物保护工程技术培训会”

“四川省文旅融合信息化建设专题培训”

“全国博物馆研学旅行培训暨优秀课程与优秀线路交流会”

“2019年全国博物馆志愿者培训班”

“2019年成都市对外文化旅游与贸易工作培训会”

“四川省智慧文旅建设工作推进会”

“金沙遗址博物馆小小讲解员培训”

附录

APPENDIX

3月16日，讲解员姚凯、严芯荣获“2019年成都市科普讲解大赛一等奖”及“成都市十佳科普使者”，讲解员陈扬获“优秀奖”。

4月11日，文创产品“古蜀鱼鸟纹装饰艺术反向伞”获得“2019年四川省旅游商品大赛银奖”。

4月16日，获四川省人民政府颁发的“金熊猫”奖先进集体奖；讲解员姚凯荣获“2019年四川省科普讲解大赛优秀奖”。

5月18日，与重庆中国三峡博物馆、广西壮族自治区博物馆、四川博物院、四川广汉三星堆博物馆等单位联合主办的“盛筵——见证《史记》中的大西南”展览，荣获“第十六届（2018年度）全国博物馆十大陈列展览精品奖”。

6月3日，获《人民日报》客户端和人民文旅研究院发起的“2019人民之选——中国博物馆创新锐度TOP10”中的“智慧博物馆践行奖”。

6月5日，讲解员庞源川荣获“第四届全国导游大赛四川选拔赛三等奖”。

6月23日，文创产品“双耳面具杯”获得“2019年‘成都礼物’旅游商品创意设计大赛金奖”；文创产品“呜噜噜”获得“2019年‘成都礼物’旅游商品创意设计大赛最佳网络人气奖和银奖”。

7月20日，视频作品《蜀道难》参加由教育部语言文字应用管理司举办的“2019年中华经典诵写讲大赛”，并荣获全国“优秀奖”；讲解员庞源川获得“中华经典诵读工程优秀奖”。

8月24日，讲解员钟翔宇荣获“首届四川省红色故事讲解员大赛优秀讲解员”。

9月4日，三维动画《细说青铜立人》荣获国际博协视听、新媒体与社交媒体委员会主办的F@IM2019视听文化节“博物馆影视短片银奖”。

9月6日，文创产品“双耳面具杯”获得“2019年中国特色旅游商品大赛银奖”。

9月18日，获《封面新闻》《华西都市报》主办的四川十大文旅新地标评选活动“四川100网红打卡地”称号。

10月17日，讲解员樊皓荣获“2019年成都百万职工技能大赛导游（景区讲解员）技能竞赛二等奖”，讲解员杨孟铭、毛全丽荣获“三等奖”。

11月15日，“发现·中山国”展览荣获“2019年度国家文物局‘弘扬优秀传统文化培育社会主义核心价值观’主题展览推介项目”及“2019年度四川省博物馆十大陈列展览精品奖”。

11月20日，讲解员钟翔宇荣获“喜迎新中国成立70周年主题征文活动二等奖”，讲解员刘科荣获“优秀奖”。

11月21日，荣获“喜迎新中国成立70周年主题征文活动优秀组织奖”，党员吴彬荣获“一等奖”，党员段董念、钟翔宇荣获“二等奖”，党员吴超明、杨建华、唐傲荣获“三等奖”。

12月3日，金沙遗址博物馆官方微博被评为“2019年度文博十大创新力官微”。

12月6日，“点亮社区”志愿者公益品牌活动被评选为“成都市优秀文化志愿服务项目”。

12月18日，“点亮社区”志愿者公益品牌活动被评选为“牵手历史——第十届中国博物馆十佳志愿项目”。

大事记

1月

2018年9月29日至2019年1月6日，与重庆中国三峡博物馆、广西壮族自治区博物馆、贵州省博物馆、四川博物院、云南省博物馆、成都博物馆、广汉三星堆博物馆等西南博物馆联盟成员共同主办的“盛筵——见证《史记》中的大西南”原创特展在重庆中国三峡博物馆展出。

2018年12月14日至2019年3月11日，与四川省文物局、意大利罗马图拉真市场及帝国广场博物馆、广汉三星堆博物馆、四川博物院等单位合办的“神与人的世界——四川古代文明特展”在意大利那不勒斯国家考古博物馆展出。

2018年12月18日至2019年3月17日，与湖北省博物馆、深圳博物馆、洛杉矶郡艺术博物馆联合举办“玛雅的世界：洛杉矶郡艺术博物馆藏古代玛雅艺术品特展”。

1月7日至9日，参加第17届香港国际授权展。

1月23日至5月3日，与贵州省博物馆、重庆中国三峡博物馆、广西壮族自治区博物馆、四川博物院、四川广汉三星堆博物馆等单位联合主办的“王的盛宴——见证《史记》中的大西南”在贵州省博物馆展出。

1月26日至29日，参加德国法兰克福“中国文博创意主题”活动。

2月

2月3日至28日，举办“2019成都金沙太阳节”。

3月

3月25日至10月18日，与四川省文物局、意大利罗马图拉真市场及帝国广场博物馆、广汉三星堆博物馆、四川博物院等单位合办的“三星堆：人与神的世界——四川古蜀文明特展”在意大利图拉真市场及帝国广场博物馆展出。

4月

4月16日至6月23日，与四川博物院、成都文物考古研究院、东莞市博物馆、广东民间工艺博物馆、广州市工艺美术总公司等单位主办的“太平有象——明清牙雕艺术展”在成都金沙遗址博物馆展出。

4月16日，与英国伦敦大学学院应用考古学中心签订《中国成都金沙遗址博物馆与英国伦敦大学学院应用考古学中心项目合作协议》。

4月30日至8月25日，与罗马国家博物馆马西莫宫、都灵皇家博物馆、意大利卡比托利欧博物馆、日本三潴画廊、成都博物馆等单位联合举办的“灵蛇传奇”展览在成都博物馆展出。

5月

5月17日，举办国际博物馆日“鹿鸣之会——诗意金沙”文化交流活动。

5月18日至8月18日，与云南省博物馆、重庆中国三峡博物馆、广西壮族自治区博物馆、四川博物院、四川广汉三星堆博物馆等单位联合主办的“国宝盛宴——《史记》中的西南边疆”在云南省博物馆展出。

6月

2018年10月21日至2019年6月20日，与四川大学博物馆、以色列耶路撒冷圣地博物馆、美国耶鲁大学皮博迪自然历史博物馆巴比伦特藏、四川广汉三星堆博物馆等单位共同举办的“成都平原和两河流域青铜文明对话展”在四川大学博物馆展出。

7月

7月16日至11月3日，与良渚博物院、故宫博物院、浙江省文物考古研究所、南京博物院、甘肃省博物馆等17家单位联合举办的“良渚与古代中国——玉器显示的五千年文明”展览在故宫博物院展出。

7月25日至10月27日，与河北博物院、河北省文物考古研究院共同主办的“发现·中山国”特展在成都金沙遗址博物馆展出。

8月

8月2日至9月22日，在成都金沙遗址博物馆举办“2019金沙之夜·当代艺术演出季”系列活动。

8月30日，按照四川省成都市文化广电旅游局统一部署安排，组织开展“不忘初心、牢记使命”主题教育专题民主生活会，深化主题教育成果。

9月

9月3日至29日，“神秘的古蜀王国——三星堆、金沙文化特展”在摩洛哥拉巴特中国文化中心展出。

9月29日至11月30日，与首都博物馆联合举办的“读城——首都与成都”教育体验展在成都金沙遗址博物馆展出。

9月30日，举办“成都金沙遗址博物馆与四川大学文物与博物馆专业共建教学实践基地”授牌仪式。

10月

10月17日，启动成都金沙遗址博物馆法人治理结构改革工作。

2019年10月16日至2020年1月31日，与二里头夏都遗址博物馆、陕西省文物考古研究院、四川广汉三星堆博物馆等单位联合举办的“璋显中国——中华牙璋文物特展”在二里头夏都遗址博物馆展出。

10月29日至11月24日，与成都市非物质文化遗产保护中心、成都市金沙小学联合举办的“纸的对话——丹麦@金沙”展览在成都金沙遗址博物馆展出。

10月31日，与加拿大皇家安大略博物馆签订《成都金沙遗址博物馆和皇家安大略博物馆谅解备忘录》。

10月31日至11月2日，参加“2019年上海国际建筑遗产保护与修复博览会”。

11月

11月13日，与四川省阿坝藏族羌族自治州汶川县人民政府签订战略合作协议。

12月

12月9日，“万物有灵 · 四川之夜”主题活动之古蜀文明数字展在英国自然历史博物馆举办。

2019年12月11日至2020年1月11日，“万物有灵——四川古蜀文明数字艺术展”在墨西哥国立人类学博物馆举办。

2019年12月20日至2020年8月30日，与四川广汉三星堆博物馆、四川省文物考古研究院、四川博物院、成都文物考古研究院、成都博物馆、四川大学博物馆等单位联合举办的“发现三星堆：三星堆与巴蜀考古——纪念三星堆遗址发现九十周年”特展在四川广汉三星堆博物馆展出。

2019年12月26日，与故宫博物院联合主办的“金玉琅琅——清代宫廷仪典与生活”特展在陈列馆临时展厅开幕。